Alexander Sattmann

KÄRNTEN VERSTEHEN

ALEXANDER SATTMANN

KÄRNTEN VERSTEHEN

GEHEIMNISSE, BESONDERHEITEN, ANEKDOTEN

LEYKAM

Für Cornelia und meine Eltern

INHALT

WAHN UND SINN

Kärnten ist einzigartig.
In Kärnten gedeihen oberflächliche Event-Kultur und tief sitzende Traditionen. Kärnten, das bedeutet Widersprüche. Das ist der unverwechselbar leichte Singsang des Dialekts, das ist die einfache aber doch köstliche Küche, das sind sonnige Urlaubsträume, bunte Faschingsnarren und düstere Vorzeiten.
Kärnten denkt anders, Kärnten wählt anders.

„Kärnten is a Wahnsinn", sagt die Tourismusindustrie.

„Kärnten verstehen" soll Kärnten erklären. Es ist ein Buch über Menschen und Landschaft. Über Traditionen und Zukunft. Über Höhen und Tiefen eines unverwechselbaren Landes. Und ein gewisses Augenzwinkern ist beim Lesen dort und da durchaus angebracht.

Klar, Kärnten ist eines der kleineren Bundesländer, „lei a Landle, a klans". Und doch lohnt es, sich das Kärntner Anderssein vor Augen zu führen.
Irgendwo existieren im tiefen österreichischen Süden nämlich Parallelwelten, welche die Unberechenbarkeit, die Vielschichtigkeit und die Unverstehbarkeit des Landes für den Nicht-Kärntner verursachen.

Da gibt es einmal – allen bekannt – die Monte-Carlo-Platz-Perspektive, aus der sich Kärnten als Parallelwelt der südlichen Nächte, des leichten Lebens, der ledigen Kinder, des Motorbootfahrens am Wörther See und der Karl-Spiehs-Filme präsentiert. Dort schlürft die Wiener Prominenz in unverwechselbarer Naturkulisse ihren sommerlichen Cocktail, und nirgendwo ist der Smalltalk so leicht und so seicht.

Wer Kärnten solcherart sympathisch erlebt, muss umso verstörter sein, wenn die 10.-Oktober-Perspektive das Bild der heilen Freizeitoase stört. Diese völlig andere Kärntner Parallelwelt wird von heimatschweren Kameradschaftsbündlern und Ulrichsberglern bevölkert. Von der Last der Geschichte gedrückte Männer und Frauen im steten Ringen mit der slowenischen Minderheit und gegen zweisprachige Ortstafeln. Ein tief wurzelndes Völkchen, gekleidet in braune Anzüge, in Grüppchen mit mehr als drei Personen stets ein mehrstimmiges, charmant-weiches Kärntner Lied auf den Lippen. Da finden sich die Sturmtruppen vom ewigen Abwehrkampf, dem mehr oder weniger auch Politiker aller großen Parteien Tribut zollen.

Dann gibt es da die Bewohner einer wiederum anderen spezifisch kärntnerischen Parallelwelt, welche sich dem Zeitgeist, der Weltläufigkeit und der Modernität verschrieben haben. Die Freunde des trockenen Chianti und Träger italienischer Designeranzüge gehören da ebenso dazu wie jene typischen Kärntner-Exilanten, häufig Kreative, Künstler von Peter Turrini bis Peter Handke, Journalisten, Politiker wie Karl-Heinz Grasser, Werbemenschen und dergleichen Volk mehr. Kärntner, die sich auch in Wien, Zürich und München durch ihren Zungenschlag zu erkennen geben und oft vergebens nach Antworten auf die immer gleiche Frage suchen müssen: „Ja seids ihr da unten schon ganz deppat worden?"

Und schließlich ist da die scheinbar am stärksten irreale, weitgehend in den Bereich eines schon nicht mehr wahrnehmbaren Graus des Alltags abgedrängte Parallelwelt der sozialen Randlagen in einem seit Jahrhunderten armen Land: Arbeiterinnen mit Mindesteinkommen, Kleinrentner, Kellnerinnen, Pendler, Arbeitslose natürlich, Sozialhilfeempfänger und Nebenerwerbsbauern, die vor dem Preisgeben ihrer über Generationen vererbten Keuschen stehen.

Die Schickeria und die Weltläufigen lassen deren Existenz geradezu verblassen. Und auch die Heimatverwurzelten wollen deren Probleme vor lauter patriotischem Idyll nicht so recht wahrhaben.

In diesen und um diese spezifisch kärntnerischen Parallelwelten tummeln sich die Grenzgänger, etwa jene aus der Kärntner Polit-Nomenklatura, die am Monte-Carlo-Platz in Pörtschach die lauen Sommerabende mit dem Jetset verbringen, die nebeligen Oktobertage mit den Heimatverbänden, die Vernissagen mit den Weltläufigen, und all das natürlich in unentwegter Solidarität mit den kleinen Leuten.

Dann gibt es die ideologischen Querläufer, etwa den roten Ex-Landeshauptmann Leopold Wagner. Urgestein der Kärntner Sozialdemokratie, geprägt jedoch als „hochgradiger Hitlerjunge". Oder – ähnlich ambivalent und nicht minder populär – den Klagenfurter Altbürgermeister Leopold Guggenberger, trinkfest-dominante Figur des christlich-konservativen Lagers im Lande und doch langjähriger Obmann der Ulrichsberggemeinschaft und so wie Wagner einer der Ziehväter des blau-orangen Jörg.

Doch auch Haider ist zumindest in eben dem gleichen Maße Grenzgänger und Querläufer. Wenn der Waldbesitzer aus dem Bärental wie einst Robin Hood aus Sherwood Forest den Schützer aller Witwen und Waisen mimt, wenn er, zwischen seinen Aufenthalten in Italien und Arabien, in Kärnten den kernigen Naturburschen im Trachtenanzug gibt und zwischen dem Wolfsfell des Rechtspopulisten und dem Schafspelz des konstruktiven Staatsmannes wechselt. Ein Wanderer quer durch alle Kärntner Parallelwelten.

Die Verwerfungen zwischen diesen Parallelwelten, die scheinbar paradoxe Unberechenbarkeit dieser Grenzgänger, sie machen Österreichs tiefen Süden für den außenstehenden Beobachter zu einem rätselhaften Land. Sie machen es so schwer Kärnten zu verstehen.

SPROCH UND GFÜHL

Um Kärnten zu verstehen, sollte man zunächst einmal versuchen, die Kärntner zu verstehen, wenn sie den Mund aufmachen. Am besten man beginnt beim A.

Es ist einfach der beste Buchstabe, den das Kärntnerische zu bieten hat. Nein falsch, das kärntnerische A ist nicht nur ein Buchstabe, es ist noch viel mehr. Es ist ein Multifunktionslaut.

„A“, das ist auf Kärntnerisch ein Geschlechtswort, und zwar für alle drei Geschlechter, weil man sagen kann: „a Mandle, a Weible, a Kindle“.

„A“ ist aber auch ein Zahlwort und bedeutet eins.

„A Wahnsinn, heit hots mi wieda von obn bis untn obegebeitelt.“ Schöne Sätze wie diesen gab Schikanone Franz Klammer zu Protokoll, musste er einen Sieg erklären. Sie machten ihn zu einem österreichischen Idol. O-Ton Edi Finger sen., 5. Feber 1976, Innsbruck: „Einsfünfundvierzigdreiundsiebzig! Für unsan Franzi Klammer!“

Armin Assinger war zwar kein wirklich epochaler Schifahrer, braucht heute aber überhaupt nur noch nach „A, Be, Ce oda De“ zu fragen und die Nation liegt ihm zu Füßen. „Mundart bringt Sympathiepunkte. Das Kärntnerische geht schon eine“, sagt er. „A bissale, a Schalale Kaffee, lei laafen losn. Anfoch gmiatlich.“

Das Kärntnerische, das hört man gern, draußen in Graz oder Salzburg, heißt es und das bestätigen auch Umfragen. Der Dialekt sei für ein Viertel der Befragten die freundlichste Eigenschaft der Kärntner, hat unlängst eine Untersuchung des Markt- und Meinungsforschungsinstituts INFO Research International unter 500 Wienern ergeben. Vielleicht liegt es auch daran, dass in Wien zumindest 70.000 Kärntner leben. Und jährlich kommen 1200 bis 1500 dazu. Wie viele von ihnen es wieder zurück in den Süden zieht, verschwindet in der Statistik.

„Der Kärntner Dialekt hot wos Liebliches, wos Kamotes“, findet der Klagenfurter Mundartdichter, Kabarettist und Komponist Ossi Huber. „Mit an und demselben Wurt konn ma viele verschiedene Dinge ausdrücken. Es hängt nur davon ob, wie mans ausspricht. Anfoch a Wahnsinn holt.“

Beim Kärntner „a“ ist wichtig, dass man es weich ausspricht – nicht so wie beim Zahnarzt. Der Ton macht die Musik: Wenn der Kärntner kurz und schnippisch „a“ sagt, dann bedeutet das soviel wie nein, freundlich und gezogen ausgesprochen, kann es aber auch ja heißen. Der Sprach-

künstler Karl Morre versuchte dies Anderssprachigen schon im 19. Jahrhundert zu erklären:[1] „Wånn a Bauer zum ånderen sågen möchte: ‚Du Matele, hörst! I bin åber meine Steuern noch schuldig', und der åndere sågt drauf: ‚I – aa', so hasst dås ‚Jå', er ist aa noch schuldig, sein ålso ålle zwa schuldig, kånn kaner mehr zåhln. Wånn åber jetzt dånn aner den ånderen frågt: ‚Du! Wia gfålln denn dir unsere jetzign Zuaständ?' und der åndere sågt dånn drauf kurz und zurnig: ‚A! hör mar auf!' so hasst dås A na, die jetzigen Zuaständ gfålln ihm nit." Also: „A" heißt ja und „A" heißt nein – so wie man's braucht. Die Kärntner sind halt flexibel.
„Wånn i a schönes Fräulein siehg, die mir recht gfållt, då schau i sie ån und såg: Ah! dås A hasst sakra, de gfållt mir. Wånn åber a Schiache daherkummt – såg i A! und schau weg", kann man von Morre lernen. So leicht geht das. Ein Kärntner muss nur „a" sagen, und man weiß schon, ob eine Frau schön oder fast schön ist.
Vielleicht ist auch das ein Grund, warum die Kärntner österreichweit offenbar auch gute Karten in der Liebe haben. „Du bist oba a liabs Diandle" – Sprüche wie dieser bringen offenbar das Blut in Wallung: Denn laut Durex Local Report 2004 liegt das Carinthische Idiom in der Hitparade der erotischsten Dialekte Österreichs auf Platz zwei. 20 Prozent der Befragten entschieden so, wobei sich offenbar vor allem Frauen zwischen 25 und 44 einen Lover mit dem „Spruch" von Armin Assinger oder Franz Klammer zu wünschen scheinen. Geschlagen wird Kärnten in den Dialekt-Charts nur knapp vom Tirolerischen mit 23 Prozent. Auf Platz drei Wienerisch mit 15 Prozent. An der Umfrage nahmen immerhin gut 1.600 Österreicher teil.

„Schon an meinem ersten Tag in Kärnten habe ich gestaunt", erzählt der aus Wien stammende und an der Universität Klagenfurt lehrende Sprachforscher Heinz-Dieter Pohl. „Mir sind zahlreiche Besonderheiten aufgefallen, als ich durch die Stadt spaziert bin. Dass man in Kärnten zum Beispiel ‚bade' sagt, für beide. Ich habe immer geglaubt, nur in Wien sagt man für ‚ei' ‚a', nur in Wien sagt man ‚i was' oder ‚heit is has'. Überall anders sagt man ‚hoas'."

Das Kärntner „A" ist aber auch ein Fragewort und das ist einzigartig: ein Fragewort vor dem eigentlichen Fragewort. Wenn ein Kärntner einmal später nach Hause kommt, dann fragt seine Frau in der Regel: „A wo worstn schon wieda?", „A wos hostn schon wieda gsoffn?", „A wieviel hostn schon wieda ausgebn?"

[1] Harand, Leo (Hg.); Karl Morre's Gedichte und humoristische Vorträge. 1899. Graz.

Auch die Doppelfunktion „a a“ ist ein nicht unwichtiger Ausdruck, über dessen Bedeutung man hier allerdings nicht weiter referieren sollte.
Das wahre Geheimnis beim Kärntner A ist aber die besondere Bedeutung seiner Aussprache. Es gibt drei a, und diese sind höchst unterschiedlich. Zuerst einmal das hohe oder feine A; zum Beispiel: „Hascher (armer Kerl, unglücklicher Mensch), Kaffee“.
Dann das mittlere A, dass so ausgesprochen wird wie: „Hoar“ (Haare) und dann das grobe oder tiefe A, dass so ausgesprochen wird wie ein o; zum Beispiel: „Rothaus, Klognfurt“.
Die drei A werden aber nicht zufällig so ausgesprochen – sonst wäre das Kärntnerische ja keine Kunst. Es ist ja das Schöne, dass die Buchstaben in jeder Tonhöhe eine andere Bedeutung haben. „Wenn i såg Acherle oder Achkatzl, so is dås gånz a klans Viechle, wås in Wåld af die Bamar umahupft. A Hås is schon a bissl größer, drum wird er mit an tiafarn A åls Hås ausgsprochn. Beim Elefånt wird dås A åber schon a O, weil er dås größte Tier is, wås vier Füaß håbm tuat“, ist bei Morre zu lesen.
„A Madl – no dås is hålt gånz a junges Diandle, drum is dås A fein. A Dame, de is schon a verheiratete Frau, da is das A schon a bissl tiafer. Wånn a Karntner åber sågt mei Ålte, dås is dånn schon das Höchste; dås wird schon mit O ausgsprochn.
Am deutlichsten is unser A-Ausspроåch bei den Ortschåftn. Je klaner der Ort, je höher dås A, je größer – desto tiafer. St. Kanzian – St. Anesen – Frantschach werdn mit fein A ausgsprochn, weil s lei klane Dörflan sein; dås kennt man ihnen schon ausn hohen A ån. Ferlach – Stråssburg – Kåppel sein größere Märkt, drum werdn se schon mit an tiafern A ausgsprochn – am tiafsten åber is dås A bei Klågnfurt, damit dåss jeder glei gschwind an der Tiafn kennt – dåss Klågnfurt unser Hauptstådt is, und drum möchte aa a jeder ausglåcht werdn, der Klagenfurt sågn möchte. Es is ålso a Tåtsåche, dåss es ka bedeutlichere Språch gibt, wia die karntnerische – åber schwer is se – dås is wåhr – wånn mir nit so gscheit warn, mir Karntner, mir kunntn se selber går nit derlernen.“

„Weder Jörg Haider noch ich haben’s richtig geschafft“, scherzt Pohl, der so wie Haider oberösterreichische Wurzeln hat. „Der Landeshauptmann bemüht sich zwar, aber er spricht an sich nicht Kärntnerisch. Er spricht die normale, lockere österreichische Umgangssprache. Das ist weder Kärntnerisch, noch Oberösterreichisch.“
Wer sich auch einmal am Kärntnerischen versuchen will, der sollte auch das kurz ausgesprochene Kärntner I nicht übersehen. Es ist der einzige Laut, der den Kärntner in seiner physischen und psychischen Gesamtheit definiert. Man muss nur darauf warten, dass ein Kärntner

zu Besuch kommt. Es klopft, man fragt, wer es ist, und bekommt zur Antwort: „I“. Damit ist wohl schon alles gesagt.

Sehr schön sind auch die Kombinationen zwischen dem „A“, in der Bedeutung von „auch“ und dem „I“, in der Bedeutung von „ich“. Da gibt's zwei Möglichkeiten: „I a“ oder in umgekehrter Version „a i“.

„I a“ hat nichts mit Eselsgeschrei zu tun, sondern bedeutet soviel wie „ich auch“ und „a i“ ist so ein Ausdruck der Kärntner Überraschung. Man braucht nur in einem Wirtshaus zu seinem Kärntner Tischnachbarn zu sagen: „Heute zahlst du alle Getränke.“ Und man wird zur Antwort bekommen: „A i?“

Für alle Musterschüler: „E“ heißt auf Kärntnerisch soviel wie „ohnehin“ oder „sowieso“. Wenn man allerdings die drei Laute kombiniert, ergibt das zwei sehr schöne Verknüpfungen: Nämlich „a e i“ oder „i e a“. „A e i“ bedeutet soviel wie „auch ohnedies ich“ und „i e a“ bedeutet soviel wie „ich ohnehin auch“. Den Ausdruck hört man in Kärnten sehr oft. Man muss nur zu späterer Stunde seinem Nachbarn an der Theke sagen: „Ich glaub ich bin betrunken.“ Dann wird man relativ häufig zur Antwort bekommen: „I e a.“

„Die karntnerische Språch“, erklärt Karl Morre, „die karnterische Språch is so wia kane. Dås is die schwerste Språch, de s gibt, åba aa die festaste. Wer nit a geborener Karntner is, der kånn de Sproch nit mehr derlernen; wer se åber amål kånn, de Språch, der kånn se aa nimmar vergessn, und wånn er lei dreißig Jåhr von Klågnfurt wek is. Wia er nur n Mund aufmåcht, wird ihm a jeder sågn: Hörts ihm nur ån, wia er ratscht. Is a Karntner.“

Kärntnerisch ist Erkennungszeichen Nummer eins unter Kärntnern. Selbst wenn sich ein Rosen- oder Jauntaler in Hamburg oder Bregenz noch so bemüht „noch da Schrift“ zu sprechen, er wird seine Herkunft nur schwer verbergen können. Und steht dann auch noch ein anderer Kärntner in Hörweite, ja dann ist für alle erlebbar, der berühmte „Ana-von-uns“-Reflex zu beobachten.

In erster Linie ist es die Kärntner Dehnung, die den Klang des Kärntnerischen prägt und zu einer gern gehörten Mundart macht. Unter dem Einfluss der slowenischen Mundarten entwickelte sich die mittelhochdeutsche Lautfolge, kurzer Selbstlaut plus verdoppelter Reibelaut, zu langer Vokal plus einfacher Reibelaut.

Aus dem mittelhochdeutschen Wort „Wasser“ mit langem s wird dann „Wosa“. Daher klingen in Kärnten auch manche Wörter gleich. „I geh auf die Wiesn" und „dos konn ma jo nit wisn" klingt vollkommen gleich. Bei „offen" und „Ofen" ist es genauso.

„Diese Dehnung verleiht dem Kärntnerischen eine andere, eine regelmäßige Sprachmelodie", sagt Heinz-Dieter Pohl. „Das ist einer der Hauptgründe, warum das Kärntnerische als Dialekt so gut ankommt. Die Kärntner Mundart hat einen angenehmen Klang, klingt nicht so rau wie andere."

Karl Morre erklärt noch, welche weitere Bedeutung es haben kann, wenn man Buchstaben auf Kärntnerisch in die Länge zieht: „Wånn i zum Beispiel jetzt sågn möcht: Meine Herrschåftn, i bin fertig mit meiner Vorlesung, so möchtn ålle aufstehen und möchtn sågn Ah! – dås is so viel åls wia – Ah! Gott sei Dånk, dåss aus is. Dås eine A is ålso die erste Vergleichungsstufe, weil a kurze Vorlesung nur a klane Unannehmlichkeit is, auf de mån vagisst, wånn se vorbei is. Wånn i åber sågn möcht – i les jetzt no länger vor, då möchtn ålle Herrschåftn aufstehn und sågn – Ah! – is dås a lästiger Mentsch, dås is uns zu viel, då gehen wir. Segn Se, dås A, A, dås wär schon a schmerzhofte Empfindung – dås Ah! Ah! – is ålso die zweite Vergleichungsstufe.

Wånn i mi åber wirklich a gonze Stund umaparzen möchte mit meiner Leserei – so möchtn die Herrschåftn sågn: Ah! – Ah! – Ah! hörts mir auf mit den långweiligen Måtzer. Segn Se, dås dreimålige A is die dritte Vergleichungsstufe, es is schon der größte Ausdruck von schmerzhåfter Unånnehmlichkeit, mehr gibt's nit – denn wånn aner länger vorlesen sollt – so führn s ihn weg von Tisch und sågn zu ihm: ‚Gehns aussi!'"

Weitere Besonderheiten: Unterschiede zwischen p und b, d und t, f und v sowie g und k sind oft kaum hörbar. B und w sind kombinatorische Varianten. Ebenso bringen die Kärntner nur sehr schwer das „ch" zusammen. Sicherlich wird zu „sihàlich" und Villacher zu „Filahà".

Unbedingt zu berücksichtigen sind auch folgende vier Regeln für gutes Kärntnerisch:

1. Die Vorsilbe ge- bleibt vor Verschlusslauten meist erhalten: Kärnten: „gepetet" (gebetet), „gekhocht" (gekocht); Wien: „pet", „kocht".
2. Die Verkleinerungsformen auf -le in der Mehrzahl -lan/-len: Kärnten: „Diandle", „Diandlan" (Mädchen); Salzburg: „Diandl", „Diandln"
3. Ein „vollerer" Auslaut, vor allem in der bäuerlichen Basismundart, wie zum Beispiel „Hone" (Hahn), „Sune" (Sonne).
4. Der unbestimmte Artikel kommt auch in der Mehrzahl vor: „a Opfl" (ein Apfel) „ane Epfl" (Äpfel).

„Ihr“ heißt in der Bauernmundart „des“, „ihnen“ „senan“, „beide“ „pade“.
Ein bösartiges Gerücht ist allerdings, dass in Kärnten mancherorts so gezählt wird: „ana“, „pade“, „pade-ana“, „pade-pade“, „hond“, „hond-ana“, „hond-pade“, „hond-pade-ana“, „hond-pade-pade“, „hond-hond“...

Jetzt sollte man freilich auch wissen, dass Kärntnerisch nicht gleich Kärntnerisch ist. Allgemein teilt man die Kärntner Mundarten in Ober-, Mittel- und Unterkärntnerisch ein.
Keine typische Kärntner Mundart wird in den Wirtshäusern des Lesachtals gesprochen. Die Lesachtaler teilen sich mundartkundlich viel mit Tirol. Für Urlauber mag es mitunter wie eine Mischung aus Kärntnerisch und Altägyptisch klingen, aber die Einheimischen bemühen sich dann schon, sich auch Fremden gegenüber verständlich zu machen.
Im Katschtal und im obersten Mölltal haben sich salzburgische und um den Obdacher Sattel auch auf Kärntner Gebiet steirische Merkmale durchsetzen können.
Die Grenze zwischen der Ober- und Mittelkärntner Mundart verläuft etwa von Nötsch im Gailtal nach Nordwesten über Stockenboi, geht westlich an Spittal an der Drau vorbei und dann nordwestlich über das Reißeck und die Hochalmspitze bis zur Landesgrenze.
Im Westen des Landes sollte man vor allem auf die Aussprache von „st“ im Inlaut als „scht“ sowie auf den hellen Vokal in auslautenden Silben in Wörtern wie „milech“ (Milch) oder „hirbischt“ (Herbst) achten. Charakteristisch ist auch die Aussprache des „r“, einst fast im ganzen Bezirk Spittal im Anlaut mit h-Einsatz: zum Beispiel „Hrous“ (Ross). Typisch auch die Hebung von „ea“ und „oa“ vor Nasalen zu „ia“ und „ua“: „gian“ (gehen) gegenüber „gean“ in Mittelkärnten, „luan“ (Lohn) gegenüber „loan“ in Mittelkärnten.

Mittelkärntnerisch nimmt das größte Gebiet ein und wird im Liesertal, im Unteren Drautal sowie im Villacher und Klagenfurter Becken, im Gegend-, Metnitz-, Gurk- und Glantal sowie auch am Zoll- und Krappfeld gesprochen. Dem gleichen Mundarttyp gehört auch das gemischtsprachige Gebiet Südkärntens an – mit einem höheren Anteil slowenischer Einflüsse als im Kärntner Durchschnitt.

In mundartlicher Hinsicht ist Unterkärnten das Görtschitz- und das Lavanttal. Vor allem im Lavanttal erinnert die Mundart in vielem an weststeirische Dialekte. In der älteren Mundart wird die Lautgruppe „rn“ zu

„dn", zum Beispiel „schtädn" (Stern), „khodn" (Korn) oder Vokal plus r zu silbischem r, zum Beispiel „khrchn" (Kirche), „wrbm" (Wurm); da in anderen Gegenden Kärntens (vor allem im Zentralraum) vor r ein a-ähnlicher Laut gesprochen wird („khiarchn", „wuarm"), ergeben sich hier deutliche und hörbare Unterschiede.

Keines dieser drei Gebiete ist in sich einheitlich, sondern in weitere kleinere Einheiten untergliedert.

Außer einer räumlichen, gibt ist auch eine soziologische Unterteilung der Kärntner Mundart. Es gibt die allgemeine landesübliche Verkehrssprache und die zwischen ihr und der eigentlichen bäuerlichen Mundart stehende „Stadtsprache".

Die unterschiedlichen Varianten des Kärntnerischen werden zusehends eingeebnet. Der Träger der Mundarten, das alte Bauerntum verschwindet, Medien und Tourismus tragen ihrerseits dazu bei, dass der echte, alte Dialekt verloren geht.

Der Mundartdichter und Kabarettist Ossi Huber wurde von seiner Gurktaler Tante auf den Dialekt gebracht. „I selba bin terrisch und wahnsinnig traurig, weil mi kana mehr vasteht", klagte die über 97-Jährige. „Nimond redet mehr mei Sproch. Meine Kinder und meine Enkel san olle in da Stodt und verstehn den richtigen Gurktoler Dialekt nimma mehr."

Hubers Lieblingsausdrücke sind „Tschwote" und „Tschriasche", kärntnerische Ausdrücke für etwas einfältige Menschen. „Diese leichten Beleidigungen, de find i irrsinnig witzig. Im Kärntner Dialekt", sagt Huber, „do konn i einfoch mei Gefühl besser ausdrücken. Do krieg i die Stimmung besser drüber. Wir olle hom als Kinder nur Kärntnerisch gredet. Und a wenn ana heit vasurcht, Hochdeitsch zum reden, richtig los vom Kärntnerischen kommt er nie mehr. Dos merk i a bei meine Auftritte – wia die Leit mit dem Dialekt zurückgholt werden kennen in ihre Kindheit und donn gonz gerührt san."

Im Dialekt, da lässt sich's auch viel besser schreiben, meint Huber. Und wenn er dichtet, dann reimt er „schean" auf „gean" und „gsegn" auf „danebn". Fertig klingt das dann so:

„A junga Bursch, da Hofer Franze,
hot bei die Weibaleit ka Chance.
De Diandlan gfolnt ihm, saint so schean,
i moan, er hot se olle gean.
Bei da Dorli hota wohl probiert,

stott an Buslan, kriagta ane gschmiert.
A wantsche Tudl, woltan fesch,
da Franze wollt ihrn an die Wäsch.
So hot er's im Kino gsegn,
wüsts wia im Fülm toan, geats danebn.
Guat, im Fülm wors wohl da Kevin Costla,
da Franze sölba is lei Postla."[2]

Da ist es auch schon: „Lei", also nur. Das wohl berühmteste Kärntner Wort. Zusammen mit „losn" ergibt es die typisch kärntnerische Redewendung „lei losn", nur lassen: was soviel bedeutet wie sich nur nicht anstrengen bzw. nur nicht aufregen. Der Kärntner Wahlspruch ist mentalitätsmäßig ein Mittelding zwischen dem italienischen „dolce far niente", dem französischen „laisser-faire", dem englischen „easy going" und dem Wiener „nur net hudeln". „Olles schleifn losn", fügt Professor Pohl hinzu. „Das ist typisch Kärntnerisch. Wahrscheinlich sind die Kärntner manchmal ganz gut damit gefahren. Und vielleicht ist es auch a bissl a Beschreibung ihrer Mentalität." Sei's wie man glaubt, jedenfalls sind in „lei losn" gleich zwei Kärntner Eigentümlichkeiten vereint: die Kärntner Dehnung und das, auch in Ost- und Südtirol beliebte „lei".

Die Redeweise der Kärntner ist erfüllt mit Bildern an Stelle einer langen Beschreibung. Man erzählt nicht, dass die Dorfbewohner beim Besuch des Bischofs schrecklich neugierig waren, aber nur heimlich aus den Fenstern schauten – sondern: „Olle Vurhäng hom g'wachtelt."
Auffallend auch das Überdefinieren des Wir-Seins: „Mir werma des scho hinkriagn, gö." Der Wiener würde kürzer und prägnanter sagen: „werma scho mochn, gell".
Das Kärntner „gö" ist übrigens ein affirmativer Ausdruck zur Bestätigung einer bereits getätigten Aussage. Es gibt auch noch die Koseform für daheim: „Gö tu." Beides bedeutet eigentlich dasselbe, nämlich nichts.
Auch die Fragewörter werden im Kärntnerischen leicht abgewandelt, wie der „Nachzipfer" Hannes Höbinger beim Villacher Fasching dem aufmerksamen Publikum augenzwinkernd erklärte:

„Wer dn ha?" – Wer?
„Wie dn ha?" – Wie?
„Wo dn ha?" – Wo?

[2] Huaba; Kärntner Schmäh. CD. 2004.

„Wos dn ha?“ – Was?
„Wonn dn ha?“ – Wann?

Wird zum Beispiel ein Kärntner nach irgendeiner Information gefragt, wird er zuerst einmal vorsichtshalber mit „wos dn ha“ antworten und dabei meist einen wenig intelligenten Gesichtsausdruck machen. Das ist natürlich nur Verstellung, weil der Kärntner versucht sich während der Formulierung dieser Wortfolge eine passende Antwort zu überlegen.

Ein im Deutschen wenig gebräuchliches Fragewort ist das kärntnerische „sisn“. „Sisn“ ist aber zu wenig. Man braucht dazu auch eine mimische Unterstützung: das Kinn nach vorn und oft ist auch die Unterstützung von „ha“ angebracht: „sisn ha?“ Das heißt auf Hochdeutsch soviel wie: „Was wollen Sie denn?“

Dieser Ausdruck führt nicht selten an mancher Kärntner Gasthaustheke zu später Stunde zum Austausch gewisser körperlicher Zärtlichkeiten. Im Volksmund auch Gasthausschlägerei genannt. Wer daran nicht interessiert ist, sollte am besten mit dem altbekannten „wos?“ antworten. Nicht schlecht ist es auch, wenn ein Dritter dabei ist. Dieser kann mit einem beschwichtigenden „gusch!“ in die Diskussion eingreifen. Das Kärntner „gusch“ heißt auf Hochdeutsch soviel wie: „Ich bin nicht daran interessiert, Ihren Ausführungen weiter zu folgen!“

Darüber hinaus sind folgende Kärntner Ausdrücke und Redewendungen im Land an der Drau quasi überlebensnotwendig, die muss man einfach kennen:

A:e:i:a – ach, meinst du ohnehin mich auch
Achtale, Åchtale – ein Achtel (Wein)
Aufpu:dln – sich aufregen

Deandle oder Diandle – Mädchen
dischkerí:rn – reden, plaudern

e:pa – vielleicht (Südkärnten: ä:pa)
e:pa eh – vielleich schon

Feitl – einfaches Taschenmesser
Fezerái – Schlägerei, Rauferei
Frakale – Schnapsglas (in Flaschenform)

Gate – Hose

Gimpl – einfältiger Mensch
Gitschn oder Kitschn – Mädchen (Oberkärnten, oft abwertend)
glaim, glaum – nahe, eng
Go:derle – kleines Doppelkinn
Gschråp – Kind

Ha:schale – schwache, hilflose Person
heit(s)wånn – hie und da
hintage:bm – zurückgeben

Jessasmarandjosef – typ. Kärntner Stoßgebet (Jesus, Maria und Josef)
Jokl – Tölpel (synonym zu Tokka)

Kaischn – Keusche (aus slowenisch hiša, germanisches Lehnwort)
Kamot – gemütlich, bequem
Karntn is lei ans – Kärnten gibt's nur eines, Kärnten ist einmalig
Kasnudln – Kärntner Teigtaschen
Koschpl – Küchenabfälle für die Schweine, auch: Fraß
Kraxn – Holzgestell zum Tragen von Lasten auf dem Rücken

lei – nur (lei lafn losn)
Lei-Lei – Faschingsruf
letschat – saft- und kraftlos
lez – schlecht
Lo:ta – Mann, Bursche, Geliebter

Maierle – kleine Mauer
Mugl – Erdkuppe, kleiner Hügel

Netsch (pl.) – Geld

Oppu:sln – küssen
owe – hinab, hinunter

Paitl, Beitl – Gauner, Hodensack
Paka:sch, Paga:sch – Gesindel, Pack (von Baggage, Anhängsel)
Papm – Mund
Pfiakó:t, pfiat Go:t – auf Wiedersehen (steht für „behüte Dich Gott")
Pfitschale, Flitschale – eingebildetes, flatterhaftes Mädchen
Pipm – Wasserhahn, Frechdachs
Pis:gurn – böse, bissige Frau

Plärenke – weinerliche Person
Pleampe, Plempel – unbeholfener einfältiger Mensch
plean – weinen
Pomarantschn – Orange
potscha:sn – langsam, gemächlich
Potúk(h)l – Hinterwäldler (auch „windischer Potúk(h)l“)
prunzn – urinieren
Psu:f – Säufer
Pu:sale – Kuss
Pudl, Budl – Schanktisch

Reibn – Moped
Reidn – Kurve
Reindling, Reinling – eine Art Gugelhupf
Rotzpipm – Bengel, Lausebub, freches Kind
Rumsn – schäbiges Lokal

Sâsaka – Verhacktes (aus slowenisch zaseka)
schlatzn – spucken
Schrefl – Holzscheit
se:ge – jener, -e, -es
sempern – jammern
Strankale – grüne Bohne (aus altslowenisch stro(n)k – Schote)
sudern, suadan – jammern

Tokker, Toka – dummer, einfältiger Mann/Jugendlicher
Tolm – Einfaltspinsel
tra:mhapert – verträumt
Treapn – dumme, einfältige Frau/Jugendliche
Trompl – dumme, ungeschickte Frau
tschari gehn – verloren gehen
Tscheafl – Schuhe, Patschen, Sandalen
tschentschen – jammern
tschindan – klirren, zusammenkrachen
Tschoppa:le – tollpatschiger, ungeschickter Mensch
Tschreapn – Becher, Gefäß, kleiner Topf
Tschriasche – dummer, einfältiger Mensch (männlich)
Tschure – jemand der trödelt, auch als Zeitwort (tschuren)
Tschurtschen – Tannenzapfen
Türkentschurtschen – Maiskolben
Tuter (junger Tuter) – junger Kerl

uman – um den (Beispiel: uman Berg herum – um den Berg herum)

verschuastan – verlegen, abhanden kommen

Wâbm – altes Weib (abwertend), (aus slowenisch baba – alte Frau)
Wos tuastn do umanonda? – Was tust du denn da herum (kramen)?
Wos weastn? – Frage des Wirts, was man zu trinken bestellen möchte

ziagn – ziehen
Zniachtl – schmächtiger Mann
Zumpf, Zumpfale – Penis
Zumpl – einfältiger Mensch
zwîln – klagen, jammern (aus slowenisch cviliti)

Diese „einzigartigen“ Ausdrücke sind das Ergebnis einer historisch gewachsenen Sprachlandschaft. Nach dem Untergang des Weströmischen Reiches strömtem germanische und keltische Stämme in ein keineswegs menschenleeres Land. Das führte im frühen Mittelalter zu einer sehr heterogenen und polyglotten Bevölkerung. Schließlich haben sich (nach wenigen Generationen) zunächst das Alpenslawische (Altslowenische) einerseits und andererseits etwas später auch das (germanische) Bairische als Landessprachen durchgesetzt. Das Bairische konnte sich dann im Laufe der Jahrhunderte immer mehr auf Kosten des Slawischen ausbreiten. Nur im unteren Gail- sowie im Rosen- und Jauntal konnte sich die slowenische Sprache behaupten.
Historisch gesehen ist Kärnten also sprachlich zweigeteilt: Einem westlichen, nördlichen und nordöstlichen seit spätestens 1500 rein deutschsprachigen Landesteil, steht ein kleineres südlich-südöstliches, ursprünglich slowenischsprachiges, heute gemischtsprachiges Gebiet gegenüber.
Die alte Sprachgrenze verlief etwa von Hermagor im Westen über die östlichen Gailtaler Alpen südlich an Villach vorbei, wandte sich dann nach Norden, ging über den Ossiacher Tauern nach Osten, querte das Zollfeld, um mit der Gemeinde Diex auf der Saualpe den nördlichsten Punkt zu erreichen. Das Granitztal und Lavamünd markierten die Sprachgrenze im Südosten des Landes. Bevor man mit der Mutter- bzw. Umgangssprache ein ethnisches Bewusstsein verknüpfte, waren Deutsch- und Slowenischsprachige, letztere volkstümlich „Windische“ genannt, einfach Kärntner. Bis ins 19. Jahrhundert war die Sprache dem Landesbewusstsein und der Religion nachgeordnet; es ist kein Zufall, dass sich das alte Herzogtum Kärnten im 16. Jahrhundert selbstbewusst

„Windisches Herzogtum“ genannt hat, wie auch bei der Zeremonie der Herzogseinsetzung beim Fürstenstein auf dem Zollfeld immer die „windische“ (also slowenische) Sprache präsent war. Erst die Politisierung der Sprache in der zweiten Hälfte des 19. Jahrhunderts führte zu einer Spaltung der Kärntner Bevölkerung in politisch „deutsch“ und „slowenisch“ orientierte Kärntner.

Die Bevölkerungsentwicklung verläuft in Kärnten, seit es statistische Aufzeichnungen gibt, zuungunsten der Slowenen. Von etwa einem Drittel der Bevölkerung in der Mitte des 19. Jahrhunderts sank deren Anteil auf zirka ein Viertel bis 1900. In absoluten Zahlen, umgerechnet auf das heutige Kärntner Gebiet gab es 1890 zirka 85.000, 1900 etwa 75.000 und 1910 zirka 66.500 Slowenen. 1923 waren es nur mehr zirka 34.500. Danach erreichten sie im Jahr 1939 mit etwa 43.000 Personen noch einmal einen höheren Wert. Bei der Volkszählung 2001 gaben in Kärnten 12.586 Menschen Slowenisch als Umgangssprache an. Das sind um 9,9 % weniger als zehn Jahre zuvor. Die Zahl der Gemeinden, in denen mehr als zehn Prozent mit slowenischer Umgangssprache leben, ist von 14 auf zwölf gesunken.
Die Gemeinden mit dem höchsten Bevölkerungsanteil an Kärntner Slowenen sind laut Volkszählung von 2001 Zell/Sele (89 Prozent), Globasnitz/Globasnica (42 Prozent) und Eisenkappel-Vellach/Železna Kapla-Bela (38 Prozent).
Die Außenbezirke Klagenfurts hatten laut Volkszählung 1910 einen slowenischsprachigen Anteil von zehn bis 30 Prozent, heute soll noch maximal ein Prozent der Klagenfurter dazu gehören.
Die tatsächliche Anzahl der Kärntner Slowenen ist umstritten, da sowohl Vertreter slowenischer Organisationen als auch Vertreter deutschkärntner Traditionsverbände die Ergebnisse der Volkszählungen als nicht korrekt bezeichnen.
Erstere verweisen auf die teilweise stark schwankenden Volkszählungsergebnisse in einzelnen Gemeinden, die ihrer Meinung nach stark mit politischen Spannungen in Volksgruppenfragen zusammenhängen. Es gebe ein Bekenntnis-Problem, nicht selten bekomme man den Ausspruch zu hören: „I bin zwasprochig, aber Slowena, na, dos bin i nit.“
Somit würden die Ergebnisse die tatsächliche Anzahl der Kärntner Slowenen unterschätzen. Man verweist beispielsweise auf die Südkärntner Gemeinde Gallizien, die laut der Volkszählung von 1951 einen slowenischsprachigen Bevölkerungsanteil von 80 Prozent aufwies, 1961 jedoch – bei gleichzeitigem Ausbleiben größerer Migrationsbewegungen und bei ungefähr gleicher Bevölkerungszahl – nur noch einen Anteil

von elf Prozent. Als ein weiteres Beispiel werden die Ergebnisse der Gemeinde Mieger angeführt, die 1910 und 1923 einen slowenischsprachigen Bevölkerungsanteil von 96 bzw. 51 Prozent aufwies, 1934 jedoch nur noch von drei Prozent. Nach dem Zweiten Weltkrieg und einer Entspannung im Verhältnis der beiden Volksgruppen kam die Gemeinde 1951 erneut auf einen Slowenen-Anteil von 91,5 %. 1971 schließlich (im Vorfeld des so genannten Kärntner Ortstafelsturms) reduzierte sich die Anzahl der Slowenen wiederum auf 24 Prozent. Vertreter der Kärntner Slowenen sehen die Ergebnisse der Volkszählung von 2001 als absolute Untergrenze an. Sie verweisen auf eine 1991 durchgeführte Erhebung in zweisprachigen Pfarren, bei denen nach der Umgangssprache der Pfarrangehörigen gefragt wurde. Das Resultat der Erhebung (50.000 Volksgruppenangehörige) unterscheidet sich signifikant von den Ergebnissen der im gleichen Jahr stattgefundenen Volkszählung (zirka 14.000).

Deutsch-Kärntner Traditionsverbände schätzen die tatsächliche Anzahl bekennender Slowenen hingegen auf höchstens 12.000 Personen. Bei Volkszählungen würden viele einfach nur ihre Sympathie zur Minderheit bekunden, ohne Slowenen zu sein oder die slowenische Sprache im Alltag aktiv zu verwenden.

Unbestritten ist: Im gemischtsprachigen Gebiet Kärntens steigen, nach rückläufiger Tendenz bis Mitte der siebziger Jahre die Anmeldungen zum zweisprachigen Unterricht seit Ende der achtziger Jahre wieder. Vor allem seit der Unabhängigkeit und dem EU-Beitritt Sloweniens begreifen nicht nur Kärntner Slowenen die Zweisprachigkeit als Chance. Zweisprachigkeit schafft neue Berufschancen und öffnet Märkte. Und das wiederum stärkt das Selbstbewusstsein und fördert so das Zusammenleben.

Sprachforscher Pohl glaubt nicht, dass die slowenische Sprache früher oder später aus Kärnten verschwinden wird: „Solange in Slowenien Slowenisch gesprochen wird, wird es sicher auch in Kärnten und im Friaul erhalten bleiben."

Dass die Anzahl der Kärntner Slowenen zurückgeht, ist nicht verwunderlich. Die historische Entwicklung im 20. Jahrhundert hat Slowenisch in den Köpfen der Menschen zu einer ungeliebten Sprache gemacht und damit den Assimilierungsdruck erhöht.

Selbst für manche ältere Kärntner Slowenen, die ihr Leben lang nur Slowenisch gesprochen haben und für die jeder deutsche Satz eine körperliche Anstrengung bedeutet, ist ihr eigenes Idiom heute noch eine „hrda špracha", eine „schirche Sprache".

Die jungen Menschen zieht es unterdessen aus den zweisprachigen Dörfern in die von der deutschen Sprache dominierten Städte. In den Medien, in der Wirtschaft, bei den Behörden – Deutsch ist allgegenwärtig. Sicher, laut Gesetz dürfen Kärntner Slowenen auf dem Amtsweg ihre Muttersprache verwenden, doch wer tut es sich an, auf einen zweisprachigen Beamten zu warten, wenn es in Deutsch viel schneller geht?

Slowenisch klingt für viele Deutschsprachige kompliziert, scheint unaussprechlich. Es ist hilfreich zu wissen, dass man das slowenische č wie das deutsche tsch in klatschen ausspricht. Š wie das deutsche sch in schade und ž wie das französische g in Garage.
Weitere Besonderheit des Slowenischen sind die sechs Fälle und ist die Zweizahl („dvojina").
Slowenisch ist eine flektierende Sprache. Die Beziehung des Wortes zum Satz wird hauptsächlich durch äußere Flexion ausgedrückt. Daraus ergibt sich eine sehr freie Satzstellung. Üblich ist jedoch, wie im Deutschen, die Reihenfolge Substantiv, Prädikat, Objekt.

Die deutsche und die slowenische Sprache haben einander in Kärnten durch die Jahrhunderte in Klang und Wortschatz gegenseitig beeinflusst. „Huditsch", schimpft der Kärntner und ruft damit den Höllenfürsten. Sowohl Deutsch- als auch Slowenischsprechende fluchen da ganz gleichlautend. Stammt „huditsch" doch vom slowenischen Wort „hudič", also Teufel. Das Slowenische im Kärntnerischen ist weit verbreitet. Und so wundert es nicht, dass sich stramme Deutschkärntner und eifrige Kärntner Slowenen ganz gut verstehen, wenn sie im Wirtshaus über die versalzene „Sasaka" (slowenisch „zaseka" – das Verhackerte) „zwiln" (slowenisch cviliti – jammern, klagen), die die „Wabm" (slowenisch „baba" – Frau) zuhause zubereitet hat, „moidu'sch" oder sollte man's lieber slowenisch sagen „pri moji duši" (bei meiner Seel').

Ein eindeutig slowenischer Einfluss in der deutschen Mundart Kärntens ist für Wissenschafter Pohl der Wegfall des Pronomens „es" bei unpersönlichen Verben. Der Kärntner sagt nicht „heute regnet es", sondern nur: „hait regnet", „gestern wor oba kolt", „gestern war es aber kalt". Diese Konstruktion ist vor allem in Unterkärnten verbreitet, aber findet sich auch weit außerhalb des zweisprachigen Gebiets.
„Bei einer Mundarterhebung im Drautal habe ich auf einem Bauernhof gefragt, ob auch sie sagen würden: heit wor kolt in da fruah", erzählt Professor Pohl. „Na, na", war die Antwort des Altbauern, „des sogma mia net, des sogn lei die Windischn". Wenig später kommt der Sohn bei

der Tür herein und sagt: „Boa, heit is oba wieder kolt draussn.“ „So sind die Leut, sie wissen, dass es nicht korrekt ist, das ‚es‘ wegzulassen und sie wissen auch, dass es fürs Unterland typisch ist. Aber das hindert sie nicht daran, es in unbeobachteten Augenblicken selbst zu tun.“
Auch der Hinweis „er ist nicht da“, wird in Kärnten durch ein „er is nix da“ vorgenommen.
Ob die präpositionslose Richtungskodierung slowenischer Herkunft ist oder bloß ein Sprachkontaktphänomen? Wer weiß. Beispiel: „i for Klognfurt“ (ich fahre nach Klagenfurt); in echter bäuerlicher Mundart würde hier „auf“ stehen.
Unsicher ist, ob Konstruktionen wie „i bin gschlofn“ statt „ich habe geschlafen“ slowenischen Ursprungs sind. „Bin“ statt „habe“ gilt im Slowenischen bei allen Verba. Da aber schlafen ursprünglich „schlaff liegen“ bedeutet hat, kann das Hilfszeitwort „sein“ hier auch alt sein wie bei liegen, stehen usw.
Im gemischtsprachigen Gebiet ist nach slowenischem Vorbild „aber“ (slowenisch „pa“) recht häufig, wo man es in anderen Gegenden und in der Umgangssprache nicht hört, z. B. „frai i mi oba dos i di sig“ (ich freue mich, dass ich dich sehe). Dazu kommt noch eine eigenartige Satzintonation, die jeden Unterkärntner „verrät“.

Offensichtlich ist: Ein Kärntner Slowene aus Globasnitz hat mit einem deutschsprachigen Kärntner, ein Deutscher aus der Sprachinsel von Pladen/Sappada im italienischen Karnien, mit einem Furlaner mehr gemeinsam als beispielsweise ein deutscher Kärntner mit einem Vorarlberger oder ein slowenischer Kärntner mit einem Slowenen aus dem Übermurgebiet/Prekmurje, denn die soziokulturellen Grenzen sind fließend und stimmen nicht immer mit den sprachlichen und ethnischen Verhältnissen überein.
So greift auch der Kärntner Mundartzweig des Slowenischen über die heutigen Grenzen Kärntens hinaus. Er wird auch in Slowenien gesprochen: in Rateče (dt.: Ratschach, ein Ort in der Gemeinde Kranjska Gora), in der Gorenjska (Oberkrain), sowie im untersteirischen Drautal. Die slowenische Mundart in Kärnten lässt sich gliedern in Jauntalerisch, Rosentalerisch und Gailtalerisch. Als Untergruppe des Jauntalerischen kann man die Obirmundart sehen, die unter Einfluss des Oberkrainerischen steht. Die slowenischen Mundarten in Kärnten sind besonders ursprünglich.

Ein heißes Streitthema ist das „Windische“. Gibt es eine dritte Sprache in Kärnten? Gar eine dritte Volksgruppe?

Gegen Ende des 19. Jahrhunderts kam es unter den Kärntner Slowenen zur Herausbildung zweier Lager: eines nationalen und eines deutschfreundlichen.

Ersteres stimmte bei der Volksabstimmung am 10. Oktober 1920 überwiegend für den Anschluss Südkärntens an Jugoslawien, letzteres für den Verbleib bei Österreich.

Die deutschfreundlichen beziehungsweise österreichbewussten Slowenen wurden schon vor dem Ersten Weltkrieg „Windische" genannt und nannten sich zum Teil auch selbst so. Von den nationalbewussten Slowenen, wurden die „Deutschgesinnten" hingegen als „nemčurji", als Deutschtümler bezeichnet. Zu einem Politikum wurden die „Windischen" seit den zwanziger Jahren des vorigen Jahrhunderts.

Die Bezeichnung „Windisch" wurde im deutschsprachigen Raum ursprünglich für alle slawischen Sprachen, in Südösterreich insbesondere als Bezeichnung der slowenischen Sprache verwendet. Nicht nur in Kärntner Ortsnamen findet man die Bezeichnung noch heute: Windisch Bleiberg in Kärnten, Windischgarsten in Oberösterreich, Windischgrätz (heute: Slovenj Gradec) in Slowenien. Erst im Jahre 1848 wurden von Amts wegen die Bezeichnungen „Slowenisch" und „Slowenen" eingeführt. In den nationalpolitischen Auseinandersetzungen bekam „Windisch" eine neue Bedeutung. Windische, so hießen nun die Slowenen, die nicht nationalbewusst, also nicht nach Süden orientiert waren.

Es sind die so genannten deutschfreundlichen, kärntenbewussten Slowenen. Sie bekennen sich politisch nicht zum slowenischen Volkstum und schließen sich keinen slowenischen Organisationen an.

„Die Folge daraus ist, dass auch behauptet wird, Windisch sei eine eigene Sprache", erklärt Pohl. „Das kommt daher, dass natürlich nur nationalbewusste Slowenen die slowenische Schriftsprache beherrscht haben. Die so genannten Windischen hingegen, haben als Kinder slowenischen Dialekt gesprochen, in der Schule dann aber nur Deutsch gelernt. Ihre Bildungssprache ist Deutsch, die Umgangssprache der slowenische Dialekt. Die Nationalslowenen sprechen freilich denselben Dialekt. Nur wenn ein Slowene schreibt, dann oft auch auf Slowenisch. Ein Windischer schreibt in der Regel immer Deutsch und assimiliert sich stärker. Es gibt also in Kärnten eine Art Zwischengruppe oder Übergangsgruppe. Man kann die Windischen nicht wegdiskutieren. Es gibt Menschen die sagen, ich bin ein Windischer. Es sind nur sehr wenige, aber es gibt sie."

Noch bis in die 60er Jahre des vorigen Jahrhunderts wurde in österreichischen Schulbüchern bei der Darstellung der sprachlichen Minderheiten in Kärnten zwischen „slowenisch", „windisch", zweisprachig

„windisch-deutsch“, „deutsch-windisch“, „windisch-slowenisch“ und „slowenisch-windisch“ unterschieden. Bei der Volkszählung von 2001 gaben immerhin noch 556 Personen Windisch als ihre Umgangssprache an.
Weit verbreitet ist die Ansicht, die Sprache der „Windischen“, „Windisch“ sei eine deutsch-slowenische Mischsprache, die mit der slowenischen Schriftsprache nichts zu tun habe. In Wahrheit ist es freilich die Regel, dass in zweisprachigen Regionen die bodenständige Volkssprache massenhaft Lehnwörter und Einflüsse von der überregionalen Verkehrssprache bezieht.
„Windisch“ ist ein kunterbuntes Gemisch aus slowenischer Mundart und deutschen Ausdrücken. Die Grammatik des Windischen ist die slowenische, identisch sind auch Hilfswörter und Grundwortschatz. So, wie der Satz „Der clevere Boss flirtete mit dem Callgirl“ deutsch ist, ist auch der Satz „motor je haslaufal“ (der Motor ist heißgelaufen) oder „jas sm knop per kase“ (ich bin knapp bei Kasse) slowenisch. Ohne die Vermischung der Sprachen wäre es kaum möglich, dass das Unterkärntner Deutsch einen besonders starken slowenischen Touch erhalten hätte.

Beide Sprachen, Deutsch und Slowenisch, sind konstitutiv in Namensgebung und Dialektologie, im deutschen Sprachgut Kärntens findet sich viel Slowenisches, im slowenischen Sprachgut viel Deutsches.
Der Mundartdichter Alois Michner brachte es zu Beginn des 20. Jahrhunderts wohl am besten auf den Punkt:

Die Karntna Språch[3]

Is nit leicht ban uns in Landle;
Mit die Leit ist mehr hirt,
aa die Språch håt an eigns Gwandle,
in aniadn Tål wird åndas dischkriert.

In Lurnfeld obm håmt se aufs „Å“ tamisch schårf:
„Guatn Mårgn, wer is gstårbm pan enk heint in Dårf?“

Von Gitsch- und Gailtal, von Lesachtal drein,
då bischte gegången mit der Gitsche in die Maute hinein!

[3] Petrei, Bertl (Hg.); Bemalte Bauerntruhe. Aus dem Schatzkästlein der Mundartdichtung. 1964. Maria Rain – Klagenfurt.

In Villach heruntn, Bua, groaß is da Urt,
sågnt se: „Aa schon a Stådt, dås sege Klågnfurt!"

In Klågnfurt selba frågnt se heitswånn noch in Gham:
„Håst du mi ghaßn Safn lafn zan Pampalan?"

De St. Veita, de brauchnt leiweise a Fåhn;
Se kriagnt åba kane, weil se lei weiße mit håbm.

In Völkermårkt ban Nagele heast de Kellnerin schrein:
„Mågst an Bier oda trink ma a Wain?"

In Diex pfeift da Wind und de Kältn tuat weh.
Sågt da Sime zur Franza: „Bring schneel a haßes Tee!"

In Bleiburg die Turna am Båhnhof marschiern
zu an Ausflug nåch Kåppl, da Herbst tuat se führn.

Wia da Zug kimmt, sågt lei ana mit Friedn:
„Wåsma mir Bleiburga sein, wer ma åba ålle hintn ainstaign!"

A gånz a spers Redn håmts in Låvanttal drin,
då frcht si dås Dindli går vül,
weicht a Krzn für a Wrk, dånn schmåltzts Nudln o mei,
dåß sen die Foastn lei rinnt übas Kei.

In Ferlach, ban Fanzete sitznt Sänga beinånd –
Stimmen wia Glöcklan, für dås sein s bekånnt.
Auf amål frågt ana und haut auf n Tisch:
„Boš pa puaču še an Dopllita,
potle biva pa fest zapeva[4]:
Klinge hell und rein wie Stahl
deitsches Lied im Rosental!"

So red hålt aniada von da Drau bis zur Möll,
deutsch, windisch, oder gmischt – wia a kånn, wia a wöll.
Is ja ålls lei a Huat – is a Schneid aa dabei
Bei dem sakrischn Schlåg, bei de Karntna lei lei!

[4] Slowenische Mundart des gemischtsprachigen Gebiets, durchsetzt mit deutschen Elementen, in die Schriftsprache übertragen etwa: „Boš pa plačal še einen Doppelliter, potlej bova pa fest zapela" (etwa „Du wirst aber noch einen Doppelliter zahlen und dann werden wir beide fest singen.")

Das slowenische Element ist nicht ablösbarer Teil der Kärntner Identität. Nach historischen Forschungen und der Wahrscheinlichkeitsrechnung hat statistisch gesehen so ziemlich jeder Kärntner einen Großelternteil, der einmal Slowenisch gesprochen hat. Manche haben zwei, oder auch vier, dafür haben andere keinen. Aber statistisch gesehen hat jeder Kärntner eine slowenische Oma. So ist es nur logisch, wenn Spuren bleiben. Auch wenn sie verdrängt wurden.
„Es ist eine gemischte Identität", sagt der aus Deutschland stammende Psychologe Klaus Ottomeyer. „Eine gemischte Identität, die auch verunsichern und Angst machen kann, sodass die Menschen nach Eindeutigkeit suchen."
„Gäbe es die Kärntner Slowenen nicht", scherzt Professor Pohl „wären die Oberkärntner Tiroler und die Unterkärntner Steirer. Oder anders formuliert: Wenn Deutsche blaues Blut hätten, und Slowenen gelbes, dann hätten die Kärntner grünes Blut."

In den heute deutschsprachigen Gebieten lässt sich bis hinauf ins obere Mölltal der slawische Unterboden an Orts- und Flurnamen festmachen. Professor Pohl: „Etwa die Hälfte der Kärntner Ortsnamen ist slawischer Herkunft. Oft haben sich auch in den deutschen Namen sehr altertümliche slawische Lautungen erhalten. Radweg zum Beispiel heißt auf slowenisch Radovice. Wenn jemand heute Radweg hört, denkt er allerdings kaum daran, dass das eigentlich ein slawischer Name ist und wenig mit einem Drahtesel zu tun hat."
Viele Kärntner Ortsnamen unterscheiden sich auf Deutsch und Slowenisch nur geringfügig. So heißt Lipizach im Bezirk Klagenfurt Land auf Slowenisch Lipice, Strugariach Strugarje und Trebesing Travesinje. Moschenitzen klingt ziemlich ähnlich wie Moščenica, Dolintschitschach – ein angeblich deutscher Name – nach Dolinčiče. Slovenjach kann sich nur sehr schwer als deutsch tarnen, auf Slowenisch heißt der Ort Slovenje.
Gradiče wurde später in Graditschach eingedeutscht, Goriče in Goritschach, Pogerce in Pogerschitzen. Auch an germanischen Wurzeln des Ortsnamens Tschachoritsch ist zu zweifeln. Čagorče, sagen die Slowenen. Besonders interessant ist die Ortschaft mit dem deutschen Namen Proboj. Der Ort heißt auf Slowenisch Proboj.
Der Name des Bundeslandes Kärnten ist mit dem des Dorfes Karnburg am westlichen Rande des Zollfeldes nördlich von Klagenfurt am Fuße des Ulrichsberges aufs Engste verbunden. Hier lag im 7./8. Jahrhundert das Zentrum des slawischen Karantanien, der Keimzelle des späteren Herzogtums Kärnten.

„Karantanien“ wird von manchen Wissenschaftern vom keltischen „carant“ (Freund, Verwandter) abgeleitet, was einem „Land der Befreundeten“ entsprechen würde. Die Bezeichnung bezieht sich wahrscheinlich auf einen in der Bronzezeit hier ansässigen illyrischen Volksstamm. Demgegenüber leitet hingegen Professor Pohl Kärnten von keltisch „karanto“ – Stein, Fels her – zur selben Wurzel gehören auch Karnburg, Karawanken und ähnliche Namen. Mit Karantanien hängt auch das alte slowenische „Korotan“ zusammen, aus dem das heutige slowenische „Koroška“, also Kärnten abgeleitet wird.
Der Name der Kärntner Landeshauptstadt Klagenfurt (slow. „Celovec“, mundartlich „c(Ç)lówc“ oder „cwilówc“) ist hingegen nur über das Romanische verständlich. Auszugehen ist von einem romanischen „aquiliu“ (Platz am Wasser), dass ins Frühslowenische als „kvil'ŭ“ entlehnt wurde und das lautgesetzlich slowenisch „cvilj“ ergab. Da zufällig slowenisch „cvilja“ Klage bedeutet und der Ort an der unfallträchtigen Furt über die Glan und das daran anschließende Sumpfgebiet lag, wurde volksetymologisch daraus „Ort der Klage“ (slow. „Cviljovec“) bzw. Klagenfurt.

SCHMÄH UND STAD

„I möcht wissen, wos die Klogenfurter für das t in ihrem Nomen bezohlt hom. Früher wor do a z.“

Das sitzt! Doch die Revanche folgt prompt.

„Des Scheenste an Villach is da Zug noch Klognfurt.“

Villacher Faschingsgilde gegen Klagenfurter Stadtrichter: Die karnevalistische Konkurrenz belebt in Kärnten seit Jahrzehnten das Geschäft mit dem Lachen zwischen Aufmüpfigkeit und Alltagsphilosophie. Vor allem die Villacher beglücken jedes Jahr via ORF ein Millionenpublikum und prägen das Erscheinungsbild des Kärntner Humors damit österreichweit.

Doch was ist nun wirklich der echte Kärntner Schmäh? Findet man ihn beim Villacher „Lei Lei“? Oder beim Klagenfurter „Bla Bla“? Oder muss man ihn irgendwo dazwischen suchen? An den Bars am Ufer des Wörther Sees zum Beispiel? Dort, wo die seenbezogenen Charaktere die Gäste auch im Sommer mit dem nicht immer subtilen Geist des Faschings erfreuen?

Es gibt so manchen weiblichen Sommergast, der vom Einfühlungsvermögen der Kärntner zu schwelgen weiß. Einfühlungsvermögen? Naja, zumeist beschränkt es sich auf das Experiment, aus dem Händedruck einer Frau zu schließen, ob man sie in die Arme nehmen darf. Beneidenswerterweise besitzen viele Kärntner die Fähigkeit, ohne eine Anfrage gestellt zu haben, sofort ein Ja zur Antwort zu bekommen. Dieser „Kärntner Charme“ ist legendär. Die Art und Weise, wie Damen im Süden der Republik mit Komplimenten übergossen werden, ist eine Investition, die wenig Kapital erfordert, aber meist hohe Zinsen abwirft.

„A Kärntnerin konn net na sogn“, heißt es. Aber vielleicht sollte es heißen: „An Kärntner konn ma anfoch net na sogn.“

Freilich, meist sind die jungen, feschen Kärntner auch nur Männer, die den Frauen ihre eigenen Wünsche von den Augen ablesen. Herzensbrecher eines verlängerten Wochenendes, sozusagen. Und in Ausnahmefällen kann es auch vorkommen, dass ein Kärntner zu später Stunde Taktgefühl vermissen lässt. Dass er kurzfristig die Fähigkeit verliert, genau zu erkennen, wie nahe er einer Frau zunahe treten darf.

Sollte man den originalen Kärntner Schmäh und den Charme der Kärntner Originale, dann vielleicht doch besser woanders suchen? Hoch oben in den Schihütten zum Beispiel? Dort, wo sich die Kärntner Playboys im Winter davon erholen, dass sie im Sommer auch nicht gearbeitet haben?

Ein Wintertag in Bad Kleinkirchheim, dichter Schneefall. Am Parkplatz bei der Kaiserburgbahn packen die Schilehrer schon zusammen und traben zu ihren Autos. Eine Gruppe Jugendlicher kommt an einer dicken Limousine mit Wiener Kennzeichen vorbei, der Anführer schaut kurz auf, schaut noch einmal, stutzt, lässt die Schi von der Schulter gleiten.

Im Mercedes gibt ein Mann im mittleren Alter beherzt Gas. Der Motor singt. Auf der Hinterachse drehen die Räder durch, der Wagen bewegt sich keinen Zentimeter. Vielleicht auch deshalb, weil der Fahrer an den unbewegten Vorderrädern Ketten montiert hat statt an den hinteren, die jetzt auf glattem Grund kräftig Gummi geben.

Der junge Kärntner tritt näher, klopft auf das Fenster, der Fahrer lässt die Scheibe herunter, leicht genervt schon, aber doch in Erwartung eines Hilfsangebots, das nun bestimmt folgen wird. Es folgt, vorgetragen in schlanker Mundart, mit weichem Kärntner „s“ und gezogenem „ü“: „Dürf ma behülflich sein, Herr Sockbaua?“

So und nicht anders, mit dem lieblichen Dialekt und dem sanften Tonfall, den man sich hier in den Bergen ab und zu noch zur Beruhigung durchgehender Dorftrottel aufhebt. Spricht's und geht weiter, als hätte er mit der Frage allein schon das Schlimmste abgewendet und einen Unglücklichen vor sich selbst beschützt. Die Antwort des Angesprochenen ist nicht überliefert. Sagt zumindest „Standard“-Journalist Samo Kobenter, der diese Geschichte aufgezeichnet hat.

Da ist in einem Satz alles zusammengefasst, was den Kärntner Schmäh so einzigartig macht: die genaue Einschätzung der vorgefundenen Situation, die sofortige Ausbeutung der darin gelagerten Komik, das Zurechtrücken eines sozialen Ungleichgewichts und die kleine, punktuelle Rache der Einheimischen an den Touristen. Das Kräfteverhältnis zwischen Herren und Untertanen wird auf den Kopf gestellt.

Hier blitzt ein Zorn durch die Jahrhunderte auf, der nicht akzeptieren will, dass sich im Bild des servilen Bücklings, den der Knecht vor dem fürstlichen Reiter vollzieht, bloß das Fortbewegungsmittel beider geändert hat. Der feine Hinweis auf eine Fernsehserie von Seinerzeit stellt das demokratische Gleichgewicht wieder her, das der Situation selbst völlig fehlt und das dem aktuellen Herrn Sackbauer gerechterweise einen Ausweg bietet: Er kann zu Hause ohne Widerspruch erzählen, dass er in Kärnten auf das Niederträchtigste verarscht wurde.

Wirklich eigenständig funktioniert der so genannte Kärntner Schmäh ja nicht dort, wo er seinem Ruf zu entsprechen versucht, sondern wo es ihm gelingt, das Verhältnis zwischen Provinz und Metropole, Villach und Klagenfurt, Kärnten und Wien, Einheimischen und Urlauber auf den Punkt zu bringen. Oder auf den Witz, den Schmäh, was auch immer die Form dafür sein mag.
Der Musiker und Kabarettist Ossi Huber nennt ihn „Nonte". Den urigen, vielleicht etwas einfältigen Gurktaler, den er in seinem Kabarettprogramm „Kärntner Schmäh" immer wieder auf deutsche Urlauber loslässt. „Dos is dos Aufeinandertreffen von Kulturen mit dem gewissen Neid, gegenüber diesem reichen Deitschn, der es sich leisten konn, zu uns auf Urlaub zu kommen und auf der onderen Seite dos Wissen, dass wir sein Geld brauchen. Diese Konfrontation zwischen höchstdeitschen Touristen und dem gestondenen Kärntna Bua ist für mich etwos ursprünglich Witziges. Darüber können sich viele stundenlang obhaun."
Frei nach dem alten Witz: „Entschuldigung, können Sie mir bitte sagen, wie dieser Berg da hinten heißt?" „Wölchana?" „Ach ja. Danke, danke."

Die Spielarten des Kärntner Schmähs, sie sind ein weites Feld. Man kann ihnen in Wirklichkeit überall begegnen. Im Klagenfurter Bierlokal „Augustin" der „ang'habig liabe" Dialekt, in dem sich der angestrebte Aufriss geradezu materialisiert, im Unterkärntner Tischlereibetrieb der gezielte Schmäh, der den Konkurrenten in Sicherheit wiegen will, ja selbst in Kärntner Gotteshäusern ist man nicht vor ihm sicher.
In der Kirche von Zell Pfarre zum Beispiel, so wird erzählt, hielt eines Sonntags während der Messe ein eifernder Pfarrer seiner Gemeinde ihre Sünden vor und schilderte in drastischen Worten die Höllenstrafen, die den Sündern bevorstünden, wenn sie nicht beizeiten Einkehr hielten und Buße täten. Er ließ es nicht an glühenden Zangen, mit denen sie gezwickt und siedendem Öl, in dem sie gebraten würden fehlen, bis die Männer bleich wurden und die Frauen zu schluchzen begannen. Da taten ihm auf einmal seine Schäflein leid, und er ließ sich zu dem Ausruf hinreißen: „Pleat's net, Kinder, wer waß, ob woa is!"
In einer anderen Kirche ebenfalls irgendwo im Kärntner Unterland, so wird berichtet, arbeitete ein Restaurator an der Hinterseite eines Altars, auf der eine Marienstatue mit dem Jesuskind im Arm stand. Plötzlich drückte sich ein Landstreicher durch die Kirchentür und schlich zum Altar, wo er laut und andächtig das Vaterunser zu beten begann. Als er zu der Bitte kam „Unser tägliches Brot gib uns heute", fügte er aus ganzem Herzen bei: „Und a Frakale Schnops a dazua". Da konnte sich

der hinter dem Altar verborgene Restaurator nicht zurückhalten und flötete mit piepsender Stimme: „A Stampale wiad wohl a gnua sein." Worauf der Stürzler entrüstet erwiderte: „Holts Maul, Rotzbua, i red jo mit deiner Muata."

Natürlich hat der Kärntner Schmäh grundsätzlich einiges mit Alkohol zu tun. Gebe es kein Hirter und kein Schleppe Bier, manch Kärntner Abend würde nur halb so lustig verlaufen.
„In Kärnten", soll eine gewisse Jutta B. zwei Wiener Inspektoren vergnügt erklärt haben, „in Kärnten sei so etwas eine Lappalie" und überhaupt „geht mein Schmäh dort immer hinein". Das war in den Morgenstunden kurz nachdem die junge Frau vor den Augen der Beamten bei Rot über die Kreuzung geflitzt war. In Wien ging der Schmäh jedenfalls nicht „hinein". Bei Rot über die Kreuzung kostet Geld, punktum. Die Überredungskünste, die Jutta B. dann zum Besten gab – anfänglich von „Lachkrämpfen geschüttelt", wie im Polizeiprotokoll vermerkt ist, in der „Endphase extrem ungehalten" – brachten sie schließlich vor ein Wiener Schöffengericht. „Versuchte Bestimmung zum Amtsmissbrauch" nennt sich das Delikt, wegen dem Jutta B. zu sieben Monaten bedingt verurteilt wurde.
Die Erinnerungen der Inspektoren an den Vorfall waren noch recht lebendig. Die Amtshandlung habe ganz harmlos begonnen: „Fahrzeugpapiere bitte." Bis man feststellen musste, dass die „total lustige Lenkerin" einen verdächtig alkoholisierten Eindruck machte. „Kommen S' doch mit in meine Wohnung, da werden wir uns schon einigen", soll sie gesagt haben. Ein Angebot, dass die Inspektoren ablehnten. Jutta B. ihrerseits habe es abgelehnt, den Alko-Test zu machen und stattdessen wüst zu schimpfen begonnen: „Überlegt euch die Anzeige gut, ich kenne einflussreiche Leute." Die Angeklagte wollte hinterher all das nicht gesagt haben, nahm das Urteil aber an.
Ob ein „Schmäh" wie dieser in Kärnten wirklich „eine geht"? Reinhard Gaugg und Anton Leikam, die beiden ehemaligen Nationalratsabgeordneten und blau-roten Leidensgenossen, haben ihn zumindest bei ihren Spritztouren nicht ausprobiert. Zumindest hat die Exekutive nichts Entsprechendes überliefert.

Gut jedenfalls, dass es für die Kärntner eine fünfte Jahreszeit mit Ablaufdatum Aschermittwoch gibt. Nach Drei-König rüsten die Kärntner zum organisierten Ausnahmezustand. Der Fasching ist so etwas wie eine Kärntner Volkskrankheit und eigentlich unerklärlich.

Zu den Symptomen: Einheimische verspüren plötzlich den Drang, läppische Kappen aufzusetzen, Papier in die Luft zu schleudern, auch über Nichts zu lachen und mit wildfremden Menschen hin und her zu schunkeln. Der Kärntner Fasching fördert die Lebensfreude – in der Hauptsache bei den Gastwirten, die dazu ihre Säle vermieten.
In Villach hat man angefangen und die Krachlederei der Villacher Faschingsgilde mit ihrem Kampfschrei „Lei Lei" in unzähligen TV-Übertragungen über ganz Österreich geschüttet. Als das – zuschauerstatistisch – ein Erfolg wurde, beschloss Klagenfurt: „Des kennen wir a."
Konkurrenz belebt das Geschäft, auch wenn die Ware „Lachen" ist. Doch der närrische Zweikampf war immer nur anspornende Draufgabe.
Seit 1960 hat Villach eine Hymne mit verblüffenden Textpassagen wie: „Fasching in Villach, Villach im Fasching, das ist schön" und dem medizinisch interessanten Refrainteil „Gsund, gsund, gsund, lei-lei, lei-lei, lei-lei".
Klagenfurt platzt vor Eifersucht. Und solche Sprüche machen den Schmerz keineswegs kleiner: „Mit den Klogenfurtern konn man nit Verstecken spielen: De suacht kana!"
Der Konter aus der Hauptstadt: „In Villach fangens d'Leit z'samm/damit se anschaun das Programm/und schon rein alles durtn wird/was so von Mainz kummt, imitiert." Das sitzt! Hoffen zumindest die Klagenfurter – und rücken der Zeit philosophisch auf den Pelz: „Fällt der Bauer tot vom Traktor/strahlt schon wieder ein Reaktor./Und strohlt dich deine Olte an/donn is dos nur vom Cäsium/und das ist das Wunderbare:/Cäsium strahlt 30 Jahre."

„Diese Art von Kärntner Schmäh is a bissl vordergründig", gibt Alexander Telesko zu. 25 Jahre lang hielt er seine, mehr oder weniger humorvollen Prangerreden, verabreichte den Politikern bittere Pillen und wurde der berühmteste Apotheker Österreichs. Und so konnte es schon mal vorkommen, dass Telesko Samstagnachmittag Dienst in seiner Apotheke in Villach-Lind und Samstagabend auf der Bühne des Villacher Congress-Centers hatte.
Es war so ein Samstagnachmittag, erzählt Telesko, als ein Wiener Ehepaar an der Apotheke läutete. Die Wiener waren extra für die Faschingssitzung nach Villach gekommen und der Mann hatte plötzlich Zahnschmerzen bekommen. Telesko öffnete das Guckloch an der Tür und vernahm einen weiblichen Aufschrei: „Herst schau Schurli, des is da Schmäh-Apotheker vom Fernsehen. Die Villacher ham den wirklich zum Apotheker gmacht."

Der Villacher Fasching, der einem ganzen Land seinen Stempel aufdrückt, ist freilich nicht so typisch kärntnerisch wie man meinen mag. Zwar hat sich von hier aus die Idee der Faschingssitzungen im Land verbreitet. Zwar ist die Villacher die älteste Faschingsgilde Österreichs. Zwar hat der Villacher Fasching einen Teil seiner Wurzeln in der alten „Villacher Bauerngman“, einem karitativen Brauchtumsverein, der ab 1919 Bälle veranstaltete. Doch die Sitzungen, die Prangerreden, die Prinzenpaare wurden vom Deutschen Heinz Jochen Rabe 1955 nach Kärnten importiert. Abgeschaut von den Rheinischen Fastnachtsitzungen.
Trotzdem kommt es wohl nicht von ungefähr, dass sich im Süden Österreichs die meisten Faschingsgilden tummeln. „Der Kärntner gibt sich gern lustig, führt gern Schmäh, oba merkt sich keinen Witz“, sagt der Experte. „Der Kärntner Schmäh lebt von der Situationskomik. Am lustigsten ist es immer, wenn wir a lustige Runde san. Do entwickeln sich die köstlichsten Sochen.“ Alexander Telesko ist auch in diesen Situationen einer, der keine Pointe auslässt.
Das Schmähführen liegt den Kärntnern. „Wenn's passt“, dann kommen sie aus dem „Lochn nit aussa“. Da gehört freilich auch dazu, sich über andere lustig zu machen. Über andere, aber auch über sich selbst. Und man sollte nicht beleidigt sein, wenn man gerade das Opfer ist. Telesko: „Auf da Uhr hobn[5], da Wortwitz, der sich aus verschiedenen Gesprächen ergibt, die Situationskomik, die dazua kommt – da braucht's Kreativität, schnelle Reaktion und Urhumor.“ Da ergibt eines das andere. Da verkauft ein Kärntner auch schon einmal seine Großmutter für eine gute Pointe. „Am besten kommen Geschichten on, wo an ondern wos Bledes passiert is, wos an selba zum Glück noch nie passiert is, und eigentlich, sama uns ehrlich, auch nie passieren kennt“, sagt Kabarettist Huber.

„Bei einer Kärntner Pointe, do muss man nicht long nochdenken, und wenn sie a bissl an der Grenze is, donn mocht des unser liebevoller Dialekt wieder wett. Damit dos Opfer donn vielleicht doch nicht so beleidigt is“, meint Telesko. Kritik am vordergründigen Schmähgestöber des Villacher Faschings lässt der Apotheker trotzdem nicht gelten: „Dos is einfach der Neid. Sicher es is kein Programm, das geistig extrem hoch stehend is, aber es is meines Erochtns a guate Mischung. Es is a Mischung aus 50 Prozent Kabarett und 50 Prozent Show, mit an guaten Schuss Kärnten und an Schluck Alkohol dazua. Und i mein, wenn dos so a Schas unter Onführungszeichn warat, donn würden nit zweieinholb Millionen Menschen einscholtn.“ Vielleicht ist es die Tradition, viel-

[5] jemanden auf die Schaufel nehmen

leicht ist es die Gewohnheit, immer am Faschingsdienstag den Fernseher ein und damit nach Villach zu schalten. Vielleicht genießen es die Zuschauer, wenn den Politikern von Amateuren einmal „so richtig ane einegsogt“ wird.

In der Hauptsache geht es um den Triumph des Hausverstandes gegen die Aufgeblasenheit der Mächtigen. „Frisch aussa, was drin is/nit kriachn am Bauch/ins G'sicht g'schaut und die Hand druckt/is echter Bauernbrauch.“ Diese Variante eines Bauerngman-Spruchs ist geradezu programmatisch. Die Praxis sieht so aus: „Die Politiker sollen uns zuerst sagen, was sie wollen, dann sagen wir ihnen, was sie uns können.“ – „Der Unterschied zwischen Kasnudln und Jörg Haider? Keiner: Bei beiden kommt nur Topfen raus.“ – „Die nächste Wahlveranstaltung der Grünen findet in der Tscheppaschlucht statt. Damits endlich a Echo finden.“ – „Wenn ein Sozialist ein neues Mitglied anwirbt, bekommt er 100 Euro, bei zwei darf er aus der Partei austreten und bei drei bekommt er eine Bestätigung, dass er nie bei der Partei war.“

Es wäre nicht Kärnten, wenn Alexander Telesko nicht schon von verschiedenen Parteien das Angebot bekommen hätte in die Landespolitik zu wechseln: „I hob olle obgelehnt. I wollt net verreibn.“ Die Politik sei härter geworden in den letzten Jahrzehnten. Härter, gemeiner und chaotischer. „Und sie mocht es uns Humoristen nicht gerade einfoch, weil sie jo schräger is als wir selbst.“

Als wäre die Politik nicht manchmal skurril genug, gründete 1992 auch noch der selbsternannte Kärntner Faschingsgeneralintendant Reinhard Eberhart unter dem Motto „Frieden, Freiheit, Fröhlichkeit“ Die Beste Partei (DBP). Mit dem Slogan „Am besten ist am besten die Beste Partei“ kandidierte er für das Amt des Landeshauptmanns von Kärnten, zweimal bei Nationalratswahlen und für die Funktion des Klagenfurter Bürgermeisters. „Bevor ihr die Narren wählt, wählt lieber gleich den Obernarren“, lautete einer seiner Appelle.

Zu einem Sonderparteitag am Faschingsdienstag 1995 ließ er den italienischen Porno- und Politstar „Cicciolina“ nach Klagenfurt einfliegen, „um der Partei männliche Wählerschichten zu erschließen“. Detail am Rande: Bei der Nationalratswahl 1994 konnte die DBP in Kärnten immerhin VGÖ und KPÖ überholen.

Eberharts an jedermann – egal ob es sich um den Bundespräsidenten, den Diözesanbischof oder Menschen auf der Straße handelt – gerichtete Begrüßungsformel „Halli-Hallo“ ist mittlerweile zum Markenzeichen geworden.

Wer Politik in Kärnten beobachten will, sollte sich den Villacher Fasching ansehen. Und zwar mit dem Rücken zur Bühne. Es ist merkwürdig: Erst ist bei den Politikern die Angst da, genarrt zu werden, und dann die Sorge, nicht genarrt zu werden, sprich: nicht vorzukommen.

„Das Lei-Lei-Bundesland." „Der Lei-Lei-Wahlkampf." Schlagzeilen wie diese werden bemüht, wenn der Rest der Republik sich Kärnten wieder einmal nicht erklären kann. Und tatsächlich, der Schlachtruf der Villacher Faschingsgilde liegt den Kärntnern speziell im Mund. Auch in andere Regionen, selbst außerhalb Kärntens wurde er bereits erfolgreich exportiert. Als Synonym für Fasching sozusagen. Der Selbstlaut am Ende ist freundlicher und angenehmer auszusprechen als Konsonanten, wie sie andere Gilden verwenden. Und etwas einfacher klingts auch als zum Beispiel das Bludenzer „Jöri Jöri Kutlablätz".
„Lei Lei" das ist den Villachern in Fleisch und Blut übergegangen: Selbst beim Trachtenumzug am Villacher Kirchtag, also mitten im Hochsommer, ruft die Hälfte des Publikums „Lei Lei". Ganz einfach um seiner Freude und Ausgelassenheit Stimme zu verleihen.
Doch woher stammt dieses „Lei Lei"? Da werden unter den Narren einige Varianten kolportiert. Die meisten sind nicht ganz ernst gemeint.
Variante eins behauptet, „Lei Lei" stamme aus dem arabischen Raum. Als die Gilde seinerzeit eine Diplomatengruppe in St. Veit an der Glan angehalten und die honorigen Herren mit einem kräftigen „Lei Lei" begrüßte, stürmten arabische Sicherheitsleute auf sie zu. Im Orient verkleiden sich zwar die Männer das ganze Jahr über als Scheichs und die Frauen gehen nur maskiert auf die Straße, doch beim arabischen „Lei Lei" dürfte es sich eher um einen kriegerischen Schlachtruf handeln.
These zwei besagt, „Lei Lei" stammt vom Kärntnerischen „lei", also „nur" ab. Folgende Geschichte wurde überliefert: Bei den Beratungen über die Höhe der Eintrittspreise für die Faschingssitzung brachte ein Bauer seinerzeit den Vorschlag ein, den Betrag, der lustigen Jahreszeit entsprechend, mit 50,03 Schilling festzusetzen. Dies rief bei den anderen Mitgliedern der Bauerngman wilden Einspruch hervor: „Des is entschieden zu hoch", meinte einer von jenen, die besonders schnell im Denken waren: „Moch mas lei um 50 Schilling." Freilich: Eine Diskussion über die Eintrittspreise für eine Sitzung kann frühestens vor deren erstmaligem Zustandekommen eingesetzt haben. Die erste Sitzung fand 1961 statt. Doch schon beim ersten Umzug 1955 begrüßte sich das Villacher Volk mit einem kräftigen „Lei Lei".
Variante drei: „Lei Lei" stammt vom kärntnerischen „lei losn". Der Kärntner hat einen Hang zur Verniedlichung – ein „Häferle Kaffee", ein „Löfferle", ein „Stückerle Kuchen". Es liegt in seiner Mentalität, Dinge

nicht sofort zu erledigen. „Lei losn“ – nur liegen lassen, abwarten. 50 Prozent erledigen sich eh von selbst.
Die wahrscheinlichste These ist freilich die vierte: Erstmals niedergeschrieben wurde „Lei Lei“ 1906 vom Villacher Mundartdichter Hans Tschebull. In einem seiner „Gstanzl“ greift er den jahrzehntealten Begriff des „Kärntner Lei Lei“ auf, was übersetzt werden kann als „liebevoller Tollpatsch, Tölpel, Narr“. Die Begründer des Villacher Faschings dürften sich dieses Gedicht in Erinnerung gerufen haben: „Kärntner Lei Lei“ = „liebevoller Narr“ = Fasching.

Der Kärntner „Lei Lei“[6]

Mit'n „Lei Lei“ tan's uns schelt'n
olle Nochbarn rundherum;
denn's „Lei Lei“ soll nir gelt'n,
es mochat d'Leut dumm.

Und do is dos g'spasi,
dos I nia nit wor harb,
wonn aner mi tasi
an „Lei Lei“ g'scholt'n hot.

Wor von der Hamat i fern
und drauss'n recht gram,
tat i's „Lei Lei“ nur hör'n,
wor i lustig, wia daham.

Mei Voter, wonn's'n g'foppt hob'n:
„Bist lei a Karntner ‚Lei Lei‘
und in Klog'nfurt ob'n
hobt's nur a Kais'rin von Blei.“

hot g'sogt donn nir rauni:
„Es Steirar wart's froh
und leicht nur launi,
hättet's ane von Stroh.“

Und mei Voter hot a g'sogt:
„Wia in der Fremd i bin g'west,

[6] Tschebull, Hans; Der Karntner „Lei Lei“ is mast lustig und frei. 1906. Villach.

wor i ols „Lei Lei“ ung'frogt
oll'n der Liabst' von de Gäst.“

Mei Voter wor a lustig,
voller Totkroft nebenbei
und ols „Lei Lei“ aufrichtig
und treu deutsch und frei.

D'rum hob' i no's Begehr'n:
Gor lustig und frei
meinen Voter zu ehr'n
mit mein Gstanzl „Lei Lei“.

Für Ossi Huber hat der Villacher Fasching mit dem typischen Kärntner Schmäh wenig zu tun. „Den hört man eher, wenn man in Steuerberg on da Theke steht. Wenn sich zwa Bauern durt Gas geben und sich gegenseitig aufstachln und aufetheatern. Dos Stanzlsingen wor früher am Lond gang und gäbe. I wor in Sirnitz bei vielen Familienfeiern dabei, wo sich meine 15 Onkeln und Tanten gegenseitig befetzt hom mit Stanzln und mit da Quetschen und mit da Gitarr. Dos wor köstlich, urwitzig. Dos is eigentlich der Kärntner Schmäh.“

Doch sind die Kärntner wirklich solche „Lei Lei“-Brüder? Für jeden Spaß zu haben? Immer gut drauf?
„Die Kärntner san himmelhochjauchzend und im nächsten Moment zu Tode betrübt“, meint Apotheker Telesko. „Mir san zwor oft laut, oba eigentlich sehr sensibel. Der Kärntner lebt auf ana Hochschaubohn der Gefühle.“
„Der Kärntner Schmäh is a Konglomerat aus dem geographischen Bereich, in dem wir leben. Beeinflusst vom lebensfrohen Mittelmeerraum, oba auch vom tiaftraurigen slowenischen Lebensgefühl“, sucht Ossi Huber nach Erklärungen. „Dos hot Emotionen und einen gonz bsunderen Schmäh erzeigen lossn. Einen Schmäh, den ondere Leit einfoch net hom. I sog imma, der Kärntner is a bissl hinterfotzig und versucht, den onderen immer mit irgendan Schmäh zu überbieten. Und dos hot wos Charmantes. Desholb sama wohrscheinlich so beliebt.“
Hubers Programm „Kärntner Schmäh“ lebt von diesem Wechselbad der Gefühle. Ein lustiger Schwank, eine traurige „Gschicht“: „Do hörst donn Leit im Publikum plärrn, richtig weinen, und do muss i donn dos nächste Stückl auspocken. Eines, dos wieder irrsinnig lustig is. Man

konn die Kärntner unglaublich berühren – im Lustigen wie im Traurigen."

Man muss lebenslänglich in Kärnten leben, um zu wissen, was es heißt, wohl im südlichsten, aber gleichzeitig auch im vom Süden am brutalsten abgeschnittenen Bundesland zu leben. Im Schatten der Berge sind nur Menschen denkbar, die nicht nur die „Gaude", sondern auch die Depression kennen. In Kärnten kann man zwar von Berggipfeln gen Süden blicken, man kann aber auch an aussichtslosen Felswänden zerschellen. Selbst großen Dichtern, großen Malern und großen Komponisten ist es psychogeographisch so ergangen.
Nirgendwo in der Republik ist die Selbstmordrate so hoch wie in Kärnten: 22,2 Suizide auf 100.000 Einwohner registrierte die Statistik 2004. Für das Burgenland hingegen wurde ein Wert von 12,7 Fällen errechnet.
Die nebeligtrüben Winter, die heiteren Sommer, all das hinterlässt Spuren im „Kärntner Gmirt".
„Der Kärntner fühlt sich oft unterprivilegiert, benachteiligt. Bringt oba irrsinnig schwer die Kroft auf, sich aus diesem Gefühl durch Aktivität zu befreien, sondern neigt irrsinnig zum tschentschen und jammern", analysiert Ex-Landeshauptmann Christof Zernatto. „Zugeben würd er des freilich nie."
Der Durchschnittskärntner, also jener, der glaubt, keiner zu sein, der Durchschnittskärntner also verstellt sich gern. Überspielungsheiterkeit und Überspielungsseligkeit, nennen das Fachleute. Was man nicht gerade heraussagen kann oder will, weil die Wahrheit manchmal zu hart oder zu schwer ist, wird eingekleidet; man hat Sinn für ein bisschen „Theater" – warum nicht das Leben leichter machen?
Kärntner Männer machen oft bis ins gehobene Alter den Eindruck von großen Buben. Es gilt die Überzeugung, dass man den Männern erlauben muss, dass sie draußen Fahrrad fahren, Eis laufen, klettern. Zu Hause haben mehr oder weniger die Frauen das Sagen.
Das weibliche Geschlecht wird in Kärnten mit beträchtlichem Aufwand umworben und ist seinerseits gern bereit, sich gewinnen zu lassen. Voreehelicher Geschlechtsverkehr war in Kärnten nie ein Tabu. Die Wahrscheinlichkeit, als uneheliches Kind zur Welt zu kommen, ist hier seit jeher wesentlich größer als in anderen Bundesländern.
Fast 60 Prozent aller Mütter im Bezirk St. Veit sind Alleinerzieherinnen. Mehr als die Hälfte aller Kärntner Kinder, exakt 51,7 %, kommen unehelich zur Welt. Das ist unangefochten Österreich-Rekord: mehr als fünf Prozentpunkte dahinter folgt die Steiermark. In Wien wurden 2005

laut Statistik Austria überhaupt nur 29,2 Prozent der Kinder unehelich geboren. Die Sommer sind halt lau im Süden, die Winter kalt und oft fehlt auch einfach nur das Geld, um nach langen Nächten und neun Monaten eine Familie zu gründen.
Dafür enden in Kärnten nur 36,5 Prozent der Ehen vor dem Scheidungsrichter, in Wien werden 60 von 100 Ehen geschieden.

„In Kärnten gibt es eine matriarchalische Atmosphäre", sagt der aus Deutschland stammende Psychologe Klaus Ottomeyer. „Nicht nur die vielen unehelichen, die meisten Kärntner Kinder wachsen zwischen zwei starken Frauen auf. Bei der oft noch jungen Mutter und bei der Oma. Die Omas sind in Kärnten sehr oft sehr resche, manchmal auch fesche, beeindruckende Frauen. Die Väter sind in dieser Konstellation eher unzuverlässige Figuren. Dabei entsteht bei vielen Buben ein Männlichkeitshunger, der sehr stark in Männerbünden, im Sportverein oder bei der Feuerwehr befriedigt wird – männliche Aktivitäten in Vereinen, die ganz, ganz wichtig sind als Gegengewicht gegen das latente Doppelmatriarchat."
Was die Häuslichkeit und Zuverlässigkeit der Männer betrifft, da haben viele Kärntnerinnen nicht besonders große Erwartungen. Der Mann kommt vorbei, hat einen gewissen Unterhaltungswert und kriegt gewissermaßen die Erlaubnis, ein Leben lang den großen Buben zu spielen.
„I kenn nit viele Kärntner, die mir von der Familie oder von ihrer Freude an der Orbeit berichten", sagt Christof Zernatto.
Arbeitstage sind halt ein kleines Ärgernis zwischen den Wochenenden. Der Freitagnachmittag ist eigentlich nur ein Stündchen nach dem Mittagessen, währenddessen man darüber nachdenkt, ob die Kufen der Eisschuhe gut genug geschliffen oder die Reifen des Fahrrads aufgepumpt sind. Je nach Jahreszeit.
Zernatto: „In Kärnten führt man selten Gespräche üba den Job. Sondern die Gespräche drehen sich in Wirklichkeit um die Frogn: Wo gema heit hin? Wos mochma am Wochenende? Won worst auf Urlaub? Won gehst auf Urlaub?"

„Während die Oberösterreicher etwos Gschaftiges und die Steirer etwas wunderbaor Naives und Ehrliches an sich hobn, sind wir Kärntner ziemlich verschlogn. Der Kärntner is für monch an Streich zum hobn und oft a bissl neidig", meint Ossi Huber. „Dos geht so weit, dass man jemanden sogor ums Zahnweh beneidet, wenn man sunst nix mehr findet. Sogor in Künstlerkreisen. Wenn einer besser is oder mehr verkaft, wird er schon ongfeindet."

Sei es nun Neid oder doch eher Rivalität. Sicher ist, ein guter Schmäh lebt gern auf Kosten anderer. Was lacht man über Ostfriesen, Burgenländer, Schotten, Steirer, wie duellieren sich Bayern und Preußen, Feistritzer und Paternioner. Und der oft als Eishockeymeisterschaft getarnte Erzfreundestreit Nr. 1 ist auch längst noch nicht entschieden. KAC gegen VSV oder schwarze Landeshauptstadt gegen rote Eisenbahnersiedlung. Der Kärntner Bruderkampf der Humorrivalen Klagenfurt und Villach muss immer weitergehen.
Noch ein paar Kostproben aus dem Pointenduell Villacher Fasching versus Klagenfurter Stadtgerücht gefällig?: „Wenn die Wöld untergeht, zieh i nach Klagenfurt – dort kommt alles 20 Jahre später“, ätzt „Nachzipfer“ Hannes Höbinger. „Für dich da gibt‘s ka Wiederkehr, zumal du bist a Villacher“, zürnt Paracelsus Alf Buchacher retour. Manchmal wird’s auch very simpel: „Untam Wöllana Nock steht a stinkender Bock, sagt da Klognfuata zu dem Vieh, stinkst jetzt du oder i?“, dialektet das Dobratsch-Jirgele und erntet dafür Lachstürme. Feinsinnig dagegen Otto Umlauft: „Also, das sind vielleicht ane Villacher, diese Grazer“, kommentiert der Stadtgerüchtsprofessor Troubles ums ehemalige Schwarzenegger Stadion.

Wer auch immer die Faschingsnase vorn hat, „a bissl“ hausbacken klingt es immer. Einiges wirkt dünn oder aufgegossen.
Aber irgendwie haben diese organisierten Kärntner Blödeleinen ja dann doch wieder einiges mit dem originalen Kärntner Schmäh zu tun. Denn besserwisserische „Nachzipfer“, naive „Nostes“, grantelnde „EU-Bauern“ und andere Tschentschen trifft man im richtigen Kärntner Leben auch. Und etwas derb und untergürtellinear sind sie mitunter ebenfalls. Nur Männer in Frauenkleidern bleiben als beliebtes Stilmittel weiterhin fast ausschließlich den Faschingsgilden vorbehalten.
Bla Bla und Lei Lei.

GSONG UND VEREIN

Das Jahr beginnt in Kärnten nicht mit dem 1. Jänner. Nein, auch nicht mit dem Faschingsdienstag.
Der eigentliche Jahresanfang fällt auf den 10. Oktober. Das ist seit 1920 so.
Schon Wochen vor diesem bedeutungsschweren Datum widmen sich die Kärntner der Planung. In den Medien wird darüber diskutiert, wie man den 10. 10. am feierlichsten begehen könnte, ob nicht nur die Schüler, sondern alle frei haben sollten, ob Volkstum und Brauchtum noch den gebührenden Stellenwert hätten. Man hält Ausschau und Rückschau auf all das, was in den letzten zwölf Monaten geleistet wurde für Kärnten und die Kärntner.
Am Jahrestag der Kärntner Volksabstimmung selbst tummeln sich dann Tausende Menschen auf Dorfplätzen und in Festsälen. Zu runden Jubiläen gibt's dann auch noch einen langen Landesfestzug durch die Straßen von Klagenfurt. Radio und Fernsehen berichten live. Und Feiertag ist dann ohnehin für alle.
Fahnen werden aufgezogen. Eigentlich ist es nur eine Fahne: die Kärntner Fahne, aber diese hängt dafür mindestens an jedem zweiten Haus.
Gelb-rot-weiß – seit 1930 sind das die Farben des Landes. Zuvor führte Kärnten, wie auch andere österreichische Bundesländer, die Farben Rot und Weiß. Doch Kärnten musste wieder einmal aus der Reihe tanzen. Als Vorlage für die neue Fahne diente das Band des Kärntner Kreuzes, das nach dem Abwehrkampf 1918/19 für Tapferkeit verliehen wurde. Wie da Gelb zu Rot und Weiß dazugekommen war, weiß heute niemand mehr.
Ist ja auch egal, eigentlich sieht man am 10. Oktober ohnehin nur braun. „Des gonze Lond im Kärntna Gwond." Der berühmte Kärntner Anzug dominiert das Landschaftsbild.
Jetzt fehlen eigentlich nur noch – Politiker, ja, natürlich, aber vor allem fehlen die Sänger.
„Mei Hamat is a Schotzale", intonieren die etwa 25 Männer und Frauen in Tracht auf dem Hauptplatz von Ferlach, Österreichs südlichster Stadt – in Ludmannsdorf oder Brückl ist das nicht anders.
Die getragene Melodie von Justinus Mulle drückt wie Blei auf Seele und Körper und lässt mit ihrer Sanftheit dennoch Gänsehaut entstehen. „Wenn wir Kärntna singen, donn kenntest dazuaplärn", sagen die solcherart Gerührten.
Nachdem mehr oder weniger konsensbemühte Politiker und deutschkärntner Funktionäre wie jedes Jahr das eigentlich eh ganz gute Klima

zwischen den Volksgruppen im Lande gewürdigt und sich vehement gegen alles Mögliche an slowenischen Störversuchen diesseits und jenseits der Karawanken gewehrt, die Einheit des Landes beschworen und zum wiederholten Male alles verurteilt haben, was dem Land an der Drau drohen könnte, nachdem das alles vorbei ist, sind wieder die Sänger an der Reihe:

„Oh Rosentol, du scheanes Tol und i hob di so gean.
I könnt vor lauta Liab, i konn jo nix dafür, völlig narrisch glei wean."

Der hiesige Chor zähle zu den besten im Lande, hört man. Doch wer traut sich schon bei mehr als 600 Kärntner Chören eine Hitparade zu?

Kärnten ist weit über seine Grenzen hinaus für seinen Reichtum an Volksliedern bekannt. In keinem anderen Bundesland ist das gemeinsame Singen so sehr ein Teil der Volkskultur. Singen, das löst in Kärnten eine Art Kettenreaktion aus: Einer fängt an, und fertig ist der gemischte Chor.
Sie sind Lehrer, Maurer, Rechtsanwälte, Bankangestellte. Aber Sänger eben auch. Mit vollstem Selbstverständnis und aus ganzer Seele. Sie erzeugen jene Klänge, üben jene spezielle Faszination aus, der sich Einheimische wie Fremde nur schwer entziehen können.
Für Kärntner ist das Singen Ausdruck ihrer Gefühle. Wenn man nicht darüber sprechen kann, dann singt man halt. Den Einsatz von stimmunterstützenden Mitteln haben die Kärntner nicht nötig. Sie singen, wenn sie sich freuen. Sie singen bei feierlichen Anlässen. Und sie singen, wenn ihnen schwer ums Herz ist.
„Zan Singen, zan Singan is allweil a Grund. So lang ma noch singan, bleibt Leib und Seel gsund."
Über Kärnten schwebt eine riesige Klangwolke. Ständig erklingen an jeder Straßenecke die wunderbarsten Melodien – schließlich bilden drei Kärntner, die sich zufällig irgendwo treffen, schon einen Chor. Sagt der Volksmund, und der wird doch nicht lügen!? Naja, etwas übertreiben vielleicht.
Sicher ist: Singen, das ist des Kärntners liebstes Hobby. „Do lossen wir olles liegen und stehen", sagt Gretl Komposch. Komposch, Jahrgang 1923, leitete 45 Jahre lang den Grenzlandchor Arnoldstein. Den wahrscheinlich bekanntesten Chor des Landes. „Wir Kärntner sind beim Singen jo fost fanatisch. I glaub, dos liegt schon dron, dass sich bei uns drei Völkergruppen treffen: A bissl lustig wie dos Romanische und a bissl traurig wie dos Slawische. Dos liegt in der Mentalität der Men-

schen. Beim Singen spielen die Karawanken keine Rolle. Do vergess ma olles ondere."

Wenn man einer Sage Glauben schenkt, dann war es eine gute Fee, die den Kärntner das Singen beigebracht hat. Die griesgrämigen Bauern aus dem Maltertal sollen die Ersten gewesen sein. Von da an war die Musik für die Kärntner nicht mehr wegzudenken.
Gegen Ende des fünfzehnten Jahrhunderts, genau gesagt in den Jahren 1485 bis 1487, bereiste der Bischof von Caorle mit seinem Sekretär Paolo Santonino Kärnten. In den Reiseberichten findet sich ein erster Hinweis auf „Kärntnerlieder", wenn Santonino vom „Goldkettenritter" Hermann von Hornegg auf Burg Moosburg erzählt:
„Der Ritter war voll Heiterkeit und hat zuvorkommend fast während des ganzen Rittes mit einem seiner Junker einige Lieder in seiner Muttersprache gesungen, um dem Herrn Bischof und seinem Gefolge gefällig zu sein." Demnach müssen der Ritter und sein Junker über einen reichhaltigen gemeinsamen Liedschatz verfügt haben, und der Hinweis, dass sie die Lieder in ihrer „Muttersprache" sangen, deutet wohl auf Dialektlieder hin.
Aber auch ein erster Beleg für das wortlose Singen, für einen „Jauchzer", lässt sich finden. Als sich der Bischof und sein Gefolge weiterzogen, begleitete sie der Ritter auf dem Weg ins Tal noch ungefähr drei Meilen, ehe er sich von ihnen verabschiedete: „Er küsste des Bischofs Rechte, empfahl sich und kehrte heim, laut juchzend nach deutscher Art."
An anderer Stelle schildert Santonino das Festmahl nach der Weihe der Marienkirche in Kötschach-Mauthen und erwähnt dabei besonders das festliche Singen: „In der Mitte der Mahlzeit kamen acht gut in Gesang ausgebildete Knaben mit ihrem Lehrer, die auf Deutsch einige Loblieder zu Ehren des Bischofs sangen, dafür zu trinken bekamen und dann wieder abgingen. Sie hatten vorher schon fast das ganze Land durchwandert, um Hühner zu kriegen und das nahe Fest des heiligen Gallus nach Brauch üppiger zu feiern. Und sie hatten wirklich schon so viel gesammelt, dass sie reich beladen heimkehrten." Hier scheinen die Lieder in das Brauchtum eingebunden gewesen zu sein – ein Heischebrauch, bei dem die Sänger für das Ansingen bewirtet werden.
Im Jahr 1748 bereiste der schottische Diplomat, Historiker und bedeutendste Philosoph der englischen Aufklärung David Hume Kärnten. In einem Brief vom 28. April 1748 an seinen Freund John Home of Ninewells berichtet er von der Schönheit der Landschaft, vom deprimierenden Zustand der Menschen und vom wunderbaren Gesang dieser

Leute. Hume ist schockiert vom Aussehen der Kärntner, von der Armut, die er antrifft, und entzückt vom Gesang, wie sie die ihnen von den Jesuiten beigebrachten Lieder so wunderschön singen, wie es der Chor der französischen Oper nicht besser könnte. Aus diesem Urteil hört man schon heraus, dass es sich mehrstimmig anhört.
Anerkennung in Europa und Amerika erfuhr das Kärntnerlied durch den „Liederfürsten" Thomas Koschat (1845–1914), der unter anderem „Da Muata folg i net" komponiert, und also durchaus Anlagen zu Renitenz und kritischem Bewusstsein gehabt hat. Mit seinen viel sagenden Werken „Valossn, valossn" und dem „Schneewalzer" wurde Koschat in Kärnten endgültig unsterblich und postum sogar mit einem Fußballplatz ausgezeichnet. Er war der Erste, der die Fünfstimmigkeit im Kärntner Volksgesang aufzeichnete. Es gibt einen Vorsänger oder Melodienträger, die Überschlagsstimme, den Bass, den Quintsänger und die tiefe Quint.
In der Folge waren es zumeist Lehrer, die sich in Theorie und Praxis mit dem Kärntnerlied beschäftigten und für Verbreitung sorgten. Freilich spitzten sie auch ihre Ohren, wenn im Wirtshaus oder nach der Sonntagsmesse die Burschen zusammengestanden sind und „a Liadle ongstimmt hom": Die Wildsänger. Sie brauchten keinen Verein, kein Notenmaterial und schon gar keinen Dirigenten.
Ihre Lieder sollte man aufschreiben, ehe es zu spät ist, dachte sich in seinem Heimatort Rennweg, der Musiklehrer Hans Pleschberger. Im Katschtal, da gibt es noch so manchen musikalischen Schatz zu heben, Lieder, die in keinem Notenheft zu finden sind. Und Hans Pleschberger wanderte von Hof zu Hof: „Do bin i zum Mote-Voter in Rennweg gongen. I hom kört, der kennt sehr viel Liada. Mia wollt er am Onfong nit viel vorsinga. No, hon i so a Schnapsle gnumen, so a Pundale. Hons eam a bissl kostn lossn, die Augen gehant ausanonda, des Schnautzbartl aufe, und iba 30 Liada hot a ma vorgsungan."

„I hob jo a Gasthaus kobt in Arnoldstein, und do sind immer die Schnopsmandln hereinkommen", erzählt Gretl Komposch. „Do is ausgschenkt, trunken und gsungen wurdn. Teilweise hom die Manda Schweinsorwaschln kobt, oba dos wor Wurst. Beim ersten Treffen der Kärntner Chöre noch dem Zweiten Weltkrieg in St. Veit an der Glan, hob i donn zu a poar Sängern sagn müssen: weißt wos, tua du uns liaba zuhörn. Die hom mehr gstört als kolfn. Oba sie hom holt so gern gsungen."
So ist 1947 der Grenzlandchor entstanden. Es war der Erste, der nur Kärntnerlieder gesungen hat. Und das auch noch mit einer Frau als Chefin: „Die männlichen Chorleiter sind olle auf Distanz gongen, wa-

ren nicht sehr nett zu mir, oba jeder muss seinen Weg gehen. I bin jo nit studiert, i hob einfoch aus dem Gefühl heraus gsungen. Hob erst später begonnen, mich a bissl damit zu befossen."
Heute gibt Gretl Komposch den Autos die Schuld daran, dass in den Kärntner Gasthäusern kaum noch spontan und frei gesungen wird. Denn, wer auf den Alkoholspiegel achten muss, der bekommt nicht so leicht die Lust zum Singen. Alkohol und Singen – das gehört halt einfach irgendwie zusammen. „Um zwei Uhr in da Früh im Wirtshaus sind uns früher immer die besten Ideen kummen. Und eine Gaude hom wir kobt. Also vor zwei, drei in der Früh wor do ni a Auseinandergehen. Do is da Schmäh grennt. Und der Kärntner Schmäh, der wor holt sehr wichtig. Wichtiger oft als die Vereinsorbeit. Do hom wir mehr auf die Geselligkeit gschaut als auf den Verein. Weil die Freud, dass ma den Krieg überlebt hom wor enorm: Wir san do und hinter uns die Sintflut."

Traurig, melancholisch klingen viele der Lieder aus Kärnten. Sie verstärken Gefühle, vor allem die Schwermut. „Wenn's da schlecht geht, wennst einsam bist, konns da donn glei noch viel schlechter gehn", sagt der Musiker Ossi Huber.
Das Kärntnerlied als Verlassenschaftsanzeige: „Valoßn vom Diandle, vom Liabstn, wia a Stan auf der Stoßn, von da Hamat, vom Summa, vom Tog, vom Glöckle im Hamattol und vom Leben."
Man möchte meinen, dass mindestens die Hälfte der Kärntnerlieder in Moll geschrieben ist. Doch in Wirklichkeit gibt es nur ein einziges in Moll: „I tua wohl". Es ist eines der bekanntesten Kärntnerlieder und wird sehr gerne gesungen, sowohl im Männersatz als auch im gemischten Chor. Text und Melodie stammen aus der Feder von Ottilie von Herbert (1825–1847).
Die Überlieferung berichtet von einer schwärmerisch veranlagten jungen Frau, die Heinrich Heine zu ihrem Lieblingsdichter erkoren hatte. Wahrscheinlich hat sie in den Fluten des Wörther Sees ihr Leben verloren, manche sagen: den Tod gesucht. Jedenfalls hat man wohl ihr Boot gefunden aber niemals ihre Leiche. Eine verbotene, zumindest aber unerfüllte Liebe zu einem Bauernburschen dürfte das Seelenleben und den Gemütszustand dieser jungen Frau aus einer Kärntner Adelsfamilie schwer belastet haben. In ihrem Salon aber fand man auf dem Klavierpult die Melodie (mit einigen Bassnoten) für eine Singstimme, der ein schwermütiger Text unterlegt ist: „I tua wohl, als wann mir nix war."

Bald wurde überall von diesem „Moll-Lied“ gesprochen, es wurden Abschriften gemacht und die fehlenden Noten zu einem vollständigen Satz ergänzt. So fand dieses Lied eine unglaubliche Verbreitung.
„Auf unseren Tourneen bin i immer wieder gfrogt wurden: Mein Gott, ihr seids so a fröhlicher Haufn, warum singts ihr lauter so traurige Lieder?“, erinnert sich Komposch an die Versuche den „Kärntna Gsong“ auch anderswo „unter d’Leit“ zu bringen. „Dabei sind die Lieder, die traurig klingen, eigentlich oft eh gonz lustig.“
Eine Strophe getragen und düster, die nächste lustig und froh: das „Diandle tut ma zuerst liabn, donn verliern und unta Umständen gwinnt mas donn wieda.“ Himmelhoch jauchzend, zu Tode betrübt. „Typisch kärntnerisch holt“, sagt Alexander Telesko, der viele Jahre lang im Grenzlandchor gesungen hat.
„Liab na lei, liab na lei mi, i liab jo, i liab jo ka ondre wia di.“ Traurigkeit und Lebensfreude, die Liebe und das offene Bekenntnis zu lieben spiegeln sich in den Hunderten Volksliedern des Landes.
„Wir Kärntner hom holt Mut zum Gefühl“, meint Komposch. „Deswegen hots auch in Kärnten die meisten ledigen Kinder. Die Mannsbilder tuan so zärtlich singen und können einfach die Frauen leichter um den Finger wickeln.“
Wie verwirrend die Kärntner Mischung aus Melancholie und Freude, Liebe und Trauer, Ergriffenheit und Ausgelassenheit sein kann, zeigt eine Anekdote aus dem Ersten Weltkrieg. Zwei junge Kärntner Soldaten wurden zu jener Zeit nach Süditalien verschleppt. Schnell bemerkten die Einheimischen, dass die beiden recht passabel singen konnten. Und so dauerte es nicht lange, und die Kärntner wurden zur feierlichen Umrahmung des Sonntagsgottesdienstes in einer kleinen Dorfkirche zwangsrekrutiert. Die beiden Neuentdeckungen waren zwar musikalisch, doch bei Liedern und Texten kannten sie sich nicht wirklich aus. Und so intonieren sie, vor dem Altar stehend ein altes Kärntnerlied: „Diandle geh her zan Zaun.“ Die Italiener waren begeistert, wie die Männer nach ihrer Rückkehr am Wirtshaustisch stolz zu berichten wussten. Und wenn sie noch am Leben sind, dann glauben die Italiener wohl noch heute, dass es sich bei dem alten Kirchtagsschlager, um ein frommes Kärntner Kirchenlied gehandelt hat.

In den Kärntner Kirchen und Wirtshäusern wurde und wird freilich nicht nur deutsch gesungen, im Gail-, Rosen- und Jauntal auch Slowenisch. Oft nebeneinander, manchmal miteinander und zum Teil auch durcheinander. Inklusive aller Probleme zwischen Mehrheit und Minderheit. „I hob mi oft nicht getraut zu sogn: Singts a windisches Liad.

Einige hom des Windische direkt als Beleidigung empfunden", sagt Gretl Komposch. „Und so hob i immer gsogt: Singts ma a Lied, wos ihr von eure Eltern glernt hobts. Und dann hom sie ma die windischen Lieder wunderscheen gsungen. Natürlich olle getrogn, olle traurig. Oba wunderscheen."
Eine Kärntner Besonderheit ist das zweisprachige Prentllied „Diandle mi muast liabn." Singt man doch die erste Strophe in Deutsch, die zweite in Slowenisch und in der dritten Strophe werden beide Sprachen gemischt.
Als Durchzugsgebiet hat Kärnten die kulturellen Strömungen der Nachbarn aufgenommen. Deutsche und slowenische Kärntnerlieder haben vieles gemeinsam, nicht nur die melancholische Grundstimmung, auch so manche harmonische Struktur.
„A wunderscheenes Erlebnis hob i amol vor Jahrzehnten hinter die Karawanken kobt", erzählt Komposch. „Bei einem Besuch in Slowenien sind wir zuerst von einem ehemolgen Partisanenführer bös ongschaut wurdn. Donn homa ongfongen zum singen, und noch a poar Minuten kummta zu uns, ruckt zuwe zu mir und frogt, wie wir die fünfte Stimm singen. Do homa erkonnt, dass die so genonnte ‚windische Quint' do wie durt gleich is. Bis in die frühen Morgenstunden homa donn gemeinsom gsungen und die größte Gaude kobt."

Ein Kärntner muss singen können, selbst der aus Kärnten stammende ehemalige Bundeskanzler Josef Klaus konnte sich diesem Vorurteil nicht entziehen. Die Regel müsse immer und überall zutreffen, schon überhaupt, wenn sich die Kärntner in Begleitung von Gretl Komposch befänden. Ende der 60er Jahre begleitete die schon damals über die Grenzen Kärntens hinaus bekannte Chorleiterin zwei begabte Konditor-Lehrlinge nach Wien: „Hervorragende Torten hom die beiden mochen können, oba beim Singen hättens nicht amol an grodn Ton ausebrocht." Es gab Ehrungen, Auszeichnungen und einen Empfang am Ballhausplatz. „Beim Vorbeigehen sigt mi der Kanzler, kommt her und sogt: Mein Gott, i hob leider keine Zeit, sonst hättets mir jetzt wos vorsingen müssen. Gott sei Dank, hob i mir gedocht."
Sind die Kärntner also gar nicht so gute Sänger, wie ihr Ruf behauptet? Naja, ein gewisser Hang zum Musischen ist zweifelsohne weit verbreitet, aber vielleicht klingt es nicht immer so, wie es das geschulte Ohr eines Musikprofessors gerne hört.
„Wir Kärntner hom eigentlich goa kein richtiges Taktgefühl", sagt Komposch. „Da sind uns ondere, wie die Steirer haushoch überlegen. Wir mochn oft aus an Dreiviertel- an Vierviertеltakt. Aber dos is Wurst,

dos is dos Kärntnerische. Amol is a bissl zu hoch, amol a bissl zu tiaf. Es gibt wenige Kärntner, die gor ka Gehör hom, nur a unterentwickeltes vielleicht. Der Kärntner is guat beim Improvisieren und singt weniger noch Noten“, erzählt Komposch, die selbst schon mindestens 300 Kärntnerlieder geschrieben hat. „I schreib jo meine Lieder a auf, oba i sog den Sängern immer wieder: Richtets euch nit danoch. I muss noch den Gesetzen der Musik aufschreiben, oba singen tu ma noch Gespier, noch Gefühl.“

Das Kärntnerlied hat seine Eigenheiten. Die Kärntner Chöre und „ihr liabste Weis“ lassen sich nicht in ein enges Korsett aus Takt und Noten pressen. Deshalb spielen die Chorleiter eine wichtige Rolle. Sie müssen dafür sorgen, dass der Chor elektrisierende Töne erzeugt und mit seiner Musik verzaubert, egal was auf den Blättern steht.

Singen und aufeinander Hören zu gleichen Teilen – beides ist für das „Zsommsingan“ im Chor unerlässlich. Die Fühler ausstrecken, die Schwingung des Nächsten aufnehmen und in das eigene Singen miteinbeziehen.

So etwas wie ein Gespräch soll es sein, das vierzeilige, in Klang und Form typische Kärntnerlied. Der Zuhörer soll sich angesprochen fühlen. Das Lied kann sich entwickeln, kann sich ändern, von einem Chor zum anderen. Wie kein anderes Lied lebt das Kärntnerlied. Seine Entstehung ist mit dem Land untrennbar verbunden, der Text ein Loblied auf die Landschaft, auf die der Kärntner so unendlich stolz ist: „Im Groben unten rauscht da Boch, auf da Leiten wogen die Gräser, durch den Wald fohrt da Wind“ – da braucht der Chor nur mehr hineinzusingen, die ganze Sehnsucht und Liebe hineinzulegen und wird mitgetragen. In Kärnten macht nicht der Ton, sondern die Erde die Musik.

Die meisten Kärntner kommen über das Elternhaus zum Gesang, ganz nach dem alten Sprichwort: „Und der is ka Karntna Bua nit, der nit singt und nit jauchzt.“

Allerdings ist das Haussingen heute selten geworden. In vielen Kärntner Haushalten sind die Singstimmen mittlerweile sogar zu Weihnachten verstummt. „Stille Nacht“ erklingt dann nur noch aus den Lautsprechern der Stereoanlage.

Und was den Nachwuchs betrifft, sieht es im Land der Sänger nicht überall rosig aus. „I bin jo nit blöd, mi in an Trochtenonzug zu zwängen und vor ollen Leiten etwos daherzududeln“, hört man bisweilen aus jungen Mündern. Vor allem in der Stadt. Viele Chöre leiden unter zunehmender Überalterung. Bei Männerchören liegt das Durchschnittsalter bei 55 bis 60 Jahren.

Professor Gretl Komposch zum Beispiel leitet heute nur mehr den „Chor der Junggebliebenen“. Mehr als 100 Sänger, im durchaus stattlichen Alter. „Die sind voll Begeisterung, oba do sind holt a so a poar Querschläger dabei. Do sog i donn: Einer singt falsch! Gebt's dem an kamarotschoftlichen Schupfa.“ Und dann ist da noch der Ärger mit einem Gastsänger: „Do wor heuer a Berliner dabei. Mit einer Begeisterung singt der folsch wia nur wos. Und jetzt hot er mir von Berlin gschrieben und ich bitt zum liaben Gott, dass er nimma singen kummt.“
Seit einigen Jahren gibt es die Gretl-Komposch-Nachwuchs-Stiftung und die Kärntner Chorakademie in Ferlach. Dort werden interessierte Sänger von Fachleuten unterrichtet. So sollen potenzielle Chorleiter gut ausgebildet werden und neuen Schwung in die Chorszene bringen.
Um zeitgerechte Jugendförderung bemüht man sich auch in einem Büro in der Waidmannsdorfer Straße 12 in Klagenfurt. Hier hat der Kärntner Sängerbund (KSB), mit etwa 8500 Mitgliedern die größte Dachorganisation von Chören im Land, seinen Sitz. Ein halbes Dutzend bunter Broschüren kann man hier erhalten, von den „Kärntner Sing- und Sporttagen“ über die „Kinder- & Jugendchor Werkstätte“ bis hin zu jener über den „kärntner landesjugendchor“.
Feriencamp, Fußball und Folklore aufgepeppt mit HipHop – dieses Rezept scheint aufzugehen. Ein schöner Erfolg für den KSB, der nur zu leicht Probleme verdecken könnte. Bis auf das recht treue Stammpublikum, vielfach Töchter und Söhne von engagierten Chorleitern und Sängern, gelingt es nämlich kaum, breitere Schichten unter den Jugendlichen anzusprechen. Zu verzopft, altmodisch und traditionell ist das Image.
Dazu passt die köchelnde Diskussion um Namen und Bezeichnungen im Sängerbund. Kärnten wird vom KSB nämlich in verschiedene „Sängergaue“ eingeteilt – der Bezirk Spittal entspricht in etwa dem „Sängergau Oberland“. Einige fortschrittlich denkende Mitglieder haben schon vor einigen Jahren eine Namensänderung angeregt, da die Bezeichnung „Gau“ seit der Zeit des Nationalsozialismus punziert sei und der KSB nicht zuletzt deshalb immer wieder ins „rechte Eck“ gestellt werde. Der Sängerbund sei schon über 140 Jahre alt, der Begriff „Gau“ noch älter, konterten die bewahrenden Kräfte.
Ganz und gar nicht verzopft und altmodisch ist dagegen in jüngster Zeit der Umgang mit dem landesüblichen Liedgut: Passend zum Trend der Region wird auch das Singen des Kärntnerliedes zum Event hochstilisiert: Einmal lädt die größte Tageszeitung Kärntens die Singgemeinschaften des Landes zum „Gipfeltreffen“ auf den Mölltaler Gletscher, um dort aus Hunderten Mündern typische Volksweisen erklingen zu

lassen. Ein anderes Mal lässt sich ein bekanntes Ensemble beim Live-Auftritt im „Musikantenstadl“ als „Botschafter Kärntens in der Welt“ feiern. Der Grad zum Folkloristischen ist schmal.

Das Gesellige spielt beim Kärntner Singen wohl die wichtigste Rolle. Kärnten ist ein Land der Gesangsvereine, kein Land der Spitzenchöre. Bei den Gesangsvereinen steht das Gesellschaftliche im Mittelpunkt, nicht das qualitativ hochwertige Singen. Zuerst kommt das Gemeinschaftsgefühl, die Möglichkeit ein-, zwei Mal pro Woche von zuhause wegzukommen, Freunde und Bekannte zu treffen. Die Freude am Gesang ist nur einer von mehreren Gründen, warum sich so viele Kärntner in Gesangsvereinen engagieren.
Die Chöre sind unglaublich fleißig, bringen in Summe 70 bis 80 CDs pro Jahr heraus, auf echte Ambitionen Außergewöhnliches, Neues, Schwieriges in Sachen Chorliteratur in Angriff zu nehmen, trifft man allerdings seltener.

„Viele glauben totsächlich, wenn sie einen einfochen Kärntner-Lied-Satz bewältigen, hoben sie die Möglichkeiten der Musik ausgschöpft“, ärgert sich Ossi Huber, selbst Musiker, Komponist und einst Mitbegründer der Gruppe „Sterz“. „Traditionen sind unendlich wichtig in diesem Lond“, das hat Huber auch am eigenen Leib zu spüren bekommen. In den 1990er Jahren wagte er eine Neubearbeitung von Günther Mittergradneggers „Is schon still uman See“. Die heimliche Landeshymne, modern, neu interpretiert und so in einen neuen Kontext gesetzt: „Dem Dieter Themel, der da Sänger wor, dem hob i gsogt: Du musst es komplett onders singen. Dort wo Triolen san, des interessiert uns überhaupt nit. Dos soll eine komplett neue Gstolt kriagn. Mit an buntlosen Bass und mit ana akustischen Gitarr – oba sehr vorsichtig.“

„Is schon still uman See
hör die Ruada schlågn
und an Vogl im Rohr drin
bei der Finster klågn

Wås der Vogl für a Load håt
brauch I går nit frågn
muass jå selber mei
Traurigkeit
übers Wåsser trågn

Übers Wåsser muass I ume
hör die Fischlan springan
liegt a Ringle beim Bodn
kånns nit aufabringan“

Bald nach der ersten Neu-Aufführung war es gar nicht mehr so still um das Lied. Im Gegenteil. Sogar von „Vergewaltigung“ des Liedes war zu lesen und zu hören: „Des Kärntnerliad darf nur gsungen wern, Instrumente hom dabei nix verloren“, hieß es da. Bei den Kärntnern war Hubers Lied allerdings sehr erfolgreich: „Wohrscheinlich denken sich viele so wie i: Schen, dass es Traditionen gibt, oba es sollt a neue Versuche geben.“
Auf den Geschmack gekommen, schrieb Huber mit „Olmwind“ ein völlig neues, modernes Kärntnerlied. Eigener Text, eigene Musik.

„Konnst di noch erinnern,
an die guate olte Zeit?
Die Stunden sein vergongen,
vül longsoma als heit.

Heast du den Omlwind wia singt?
Wie er an Fensterleden schlogt?
Wie er wieda geht und Wolkn bringt?
Host keat? Jetzt hota di wos gfrogt.

Und dei Stimm klogt üba die Olmen,
mia kummt vur sie klingt so kloar,
und da Wind trogt üba die Olmen,
die Zeit wis amol woar.

Und dei Stimm klogt üba die Olmen,
mia kummt vur sie klingt so kloar,
und da Wind trogt üba die Olmen,
die Zeit wis fria amol woar.

Heast du den Boch wia lauta rauscht?
Als miasta sich gegn irgendwos wean.
Do liegt a stan der ihn belauscht,
als kennta muagn neama hean.“

Radio Kärnten registrierte daraufhin den Anruf eines erbosten Hörers: „Wi ma denn so a scheanes, oltes Kärntnerliad a so vaschandln konn."

Das Kärntnerlied ist den Kärntnern heilig. Politiker dürfen da nicht zurückstehen und so sind große Töne von Jörg Haider auch abseits politischer Reden zu hören: Er gilt nicht nur als Fan, sondern auch als fähiger Interpret des Kärntnerliedes. Als Landeshauptmann hat der gebürtige Oberösterreicher auch ausgiebig Gelegenheiten für „kantnarische" musikalische Solo-Auftritte.
Keine Beziehung zur Musik? Das ist für einen Kärntner Politiker sowieso undenkbar. Das weiß auch die grüne Vizechefin Eva Glawischnig. Sie startete ihre musikalische Karriere am Hackbrett – mit volkstümlicher Hausmusik. Danach emanzipierte sie sich vom Seebodner Elternhaus mit einer Band, die es mit der Nummer „Gelati" Ende der achtziger Jahre sogar in die Austro-Charts schaffte. Richtig „gendergerecht" war der Text allerdings nicht:

„I lieg' am Strand mit an festen Sonnenbrand,
a Mädl neben mir mit an Gelati in der Hand."

Am Keyboard: Eva Glawischnig. Klavier spielen könne sie besser als singen, räumte die Grüne später ein. Wenn das nur nicht die Kärntner hören.
Statistisch gesehen ist jeder Kärntner in zumindest einem Verein, singt freudvoll „kantnarisch", schuhplattelt, jodelt, knallt als Schützengardist Salutschüsse für die Heimat in den Himmel, näht Trachten oder fühlt sich zumindest am 10. Oktober dem Brauchtum innerlich verbunden.

„Ihr hobts oba so scheane Reindln, Mariana." Die Dame mit der blonden Föhnfrisur ist ganz entzückt. „Kennts ma so an braunen zur Seitn legn, damits kana wegkaft? I hätts schon gern als Weihnachtsgeschenk." Es ist drei Wochen vor Ostern und die Dame kann beruhigt werden. Waren wie diese gehen dem Kärntner Heimatwerk ohnehin nie aus. Nur die Verwechslungsgefahr sollte man beachten, das Kärntner Reindl ist nämlich nicht nur ein Kochgeschirr, sondern auch ein Trachtenhut für Damen.
Historische Buttermodel und Engel aus Gips. Kärntnerliederbücher, Kerzen mit Kärntner Wappen und Lindwürmer aus Keramik. In der Klagenfurter Herrengasse findet sich alles, was auch nur im Entferntesten etwas mit Kärnten zu tun hat. „Uns is wichtig, dass zum Beispiel die

Buttermodel aus Kärnten nit verschwinden“, sagt Wolfgang Lattacher, der Chef des Kärntner Heimatwerks. Die Gefahr ist ohnehin gering. Das Heimatwerk in Kärnten hat im Vergleich mit anderen Bundesländern die meisten Filialen, die meisten Schneidereien und den größten Umsatz.

In erster Linie liefert das Heimatwerk den materiellen und geistigen Rohstoff für alles, was „trachtelt“. Für Chöre, für Heimatverbände, für jeden Kärntner sozusagen. Die Damen und Herren des Heimatwerks sind die Hüter des Kärntner Grals, beraten vom Schuhbandel bis zum Haubenspiegel, schneidern sämtliche lokalen Trachten – auch für besondere Körper.

Fast 150 Trachten gibt es in den zwölf Kärntner Haupttälern: Mehr als 100 Sommer-, Winter-, und Festtagsdirndln und 40 männliche Alltags- und Festtagstrachten.

„A Kärntna Tracht is mehr als a Gemeinschoftskleidung, sie is Ausdruck der seelischen Stimmung“, plaudert Lattacher aus dem Nähkästchen. So kann man zum Beispiel auf einen Blick den Familienstand und den Wohnort des Trägers erkennen. Ist der Trachtenhut mit einer gedrehten Schnur verziert, kommt der Mann vom Berg, ist es ein Band, stammt er aus dem Tal. Ist die Schnur oder das Band grün, ist er verheiratet. Bei unverheirateten ist der entsprechende Hutschmuck rot. Dasselbe Farbenspiel gilt übrigens auch für die Weste bei den Damen. „Do weiß man schon von weitn: Aha meine Chancen könnten vielleicht intakt sein.“

Wer auf dem Trachtenhut eines Kärntner Mannes auch noch eine Hahnenfeder entdeckt, sollte genau hinschauen: Wenn die gebogene Hahnenfeder nach vorne zeigt, ist der Träger aggressiv und zum Raufen aufgelegt. Wer nicht ähnliche Ziele verfolgt, sollte um den Träger lieber einen großen Bogen machen. Zeigt die Feder nach hinten, ist alles in Ordnung, man kann sich dem Behüteten gefahrlos nähern.

Auch wenn das Wissen über solche kleinen, aber feinen Besonderheiten mit der Zeit verloren geht, Lattacher sieht selbst im trachtenverrückten Kärnten einen weiter steigenden Zulauf zum einheimischen Gewand. Vor allem bei Männern. Die Kärntner Lederhosen etwa wird immer beliebter. Sie ist schwarz gegerbt und winterweiß ausgenäht.

Im Kärntner Heimatwerk entstehen aber auch neue Trachten. Drei Generationen lang bleiben sie auf der Warteliste. Wenn sie sich im Volk durchsetzen, werden sie in den echten Kärntner Trachtenbestand aufgenommen und kommen ins Trachtenarchiv, dem Allerheiligsten des Kärntner Brauchtums.

Wer im Oktober Kärnten besucht, glaubt freilich nicht, dass es so viele unterschiedliche Trachten gibt, er bekommt vor allem eine zu Gesicht:

„Der Kärntner Anzug is zweifellos a Symbol Kärntens." Jeder fünfte Kärntner hat einen, sagt die Statistik. Der Landeshauptmann und Wolfgang Lattacher sicher mehrere.
Auf den brauen Anzug kam der Kärntner, weil er vom Steirer genug hatte. Bis 1911 war der grau-grüne steirische Landestrachtenanzug auch der offizielle Landestrachtenanzug von Kärnten. Die Kärntner Landsmannschaft beauftragte Professor Leopold Resch aus Uggowitz im heute italienischen Kanaltal mit der Erfindung. Alte Trachtenvorlagen aus dem Gailtal und ein Frühlingsspaziergang brachten das bekannte Ergebnis an den Tag. Professor Resch war von der frisch gepflügten Erde, auf der gerade die junge Saat spross, so fasziniert, dass er sich auf die Farben braun und grün festlegte.
„Mit dieser Farbkombination, ursprünglich Kastanienbraun, mittlerweile Haselnussbraun, is da Anzug zu ana wichtigen Identifikationsmöglichkeit der Kärntner, übers Kostüm oba a der Kärntnerin gworden", sagt Lattacher.
Es gibt wohl kein anderes Bekleidungsstück in Österreich, das so stark ideologisch überfrachtet ist wie der Kärntner Anzug. „Er wird außerhalb Kärntens als politisches Statement erkannt", weiß der frühere ÖVP-Landeshauptmann Christof Zernatto. „I hob den Leutn in der Bundespartei immer gsogt: Freunde, nit jeder, der an braunen Anzug onhat, is a Brauner. Und net jeder, der an Kärntner Anzug onhot, is a Deitschnationaler und schon goa ka Nazi. Da Kärntner Anzug is im Endeffekt a Vehikel für den Kärntner, um den Mangel an Selbstbewusstsein durch eine Art Uniformierung zu überwinden und sich damit einen gewissen Rückhalt in der Gruppe zu holen."
Zwischen 300 und 350 Euro kostet das „Kärntna Gwand" inklusive Rock, schwarzer oder brauner Hose (beides ist erlaubt) und schwarzer Weste mit dem von den Steirern übernommenen Blümchenmuster. „Eigentlich a sehr wirtschoftliche Kleidungsalternative für olle möglichen festlichen Anlässe", nennt das der Chef des Heimatwerks.
Hosen gibt es aus Wollstoff oder Loden für den Winter und aus so genannter Kühlwolle für den Sommer. Einen großen Fauxpas begeht man, wenn die Schuhe zum Anzug braun sind. Schwarz müssen sie sein, und sauberst geputzt!
Der Rock ist in den letzten Jahren länger geworden, der Umlegekragen zum Stehkragen – „a bissl flotta holt". Das Hemd muss nicht mehr rein weiß sein, blau und hellblau wird gern getragen.
Auch beim Kärntner Kostüm – dem braunen Pendant für die Damen – wurde die Jacke verlängert, das schmeichelt der Figur. Für eine bessere Bewegungsfreiheit sind die Ärmel tiefer eingesetzt worden, außer-

dem erhielt der Rock einen Schlitz. „Der Kärntner[7] wird sexy“, könnte die Schlagzeile lauten, oder es ist eben nur ein Zugeständnis an den Zeitgeist.
Was eine andere Innovation betrifft, da sind die Kärntner Brauchtumshüter hingegen strikt, nämlich sehr strikt dagegen. Der Villacher Unternehmer Thomas Rettl hat damit begonnen, den „Kärntner Kilt“ mit Karomuster im „Kärntner Braun“ zu schneidern und beruft sich, mit Augenzwinkern, auf historische Überlieferungen: „Wie wahrscheinlich hinlänglich bekannt, benannten die Kärntner ihr liebstes Beinkleid schon seit frühesten Zeiten in ihrem wohl unnachahmlichen Dialekte ‚gonz anfoch‘ Kitl. Viel später erst, so wird erzählt, fand ein gar vornehmer hoher Herr aus einem fernen Lande, welches gänzlich von Wasser umgeben ist, auf einer seiner ausgedehnten Reisen auch in Kärnten Rast haltend, gefallen an jener simplen Benennung und befahl unverzüglich seinem mitreisenden Sekretär, dies Wort zu notieren. Jedoch, wie so oft in der Geschichte, war auch dieser Schreiber wohl mehr an den feschen Kärntner Madl’n interessiert, als seinem Berufe mit allergrößter Sorgfalt nachzukommen. Es geschah, dass jener Herr, dessen Name hier verschwiegen wird, beim Niederschreiben den einen Buchstaben, das ‚L‘, an die falsche Stelle setzte. So wurde aus dem Kärntner Kitl der heute noch in den dortigen Landen wohlbekannte Kilt“, ist auf der Internetseite[8] des findigen Geschäftsmanns zu lesen.
„Unter Zuhilfenahme modernster Computersimulationen ist es gelungen, das Kärntner Ur-Karo weitgehendst wiederherzustellen und dem Farbempfinden des modernen Homo Sapiens Carinthianus anzupassen. Das Braun für die Erde der Äcker, das Grün für die aufkeimende Saat und die herrlichen Wälder, das Blau für die reinen Flüsse und Seen – gleichsam geschmückt mit den Farben der Blüten auf den saftigen Wiesen – Gelb, Rot und Weiß, welche ebenso die Bestandteile der Fahne unseres so wunderschönen Heimatlandes sind. Karntn is lei ans – sicha nit klankariert!“
„Wenn jemond a Freude mit dem schottischen Kulturkreis hot, und wenn ana a Freude mit Indianer hot, donn würd i gar net was Gott wie lochn, wenn er mit an Indianerkostüm übern Olten Plotz in Klognfurt geht. Jeder hot dos Recht, sich als Eskimo darzustellen, wenn er die storke Beziehung hot. Nur man darf donn nicht kombinieren: oben an original Kärntner Rock und unten an Schottenrock“, ärgert sich Heimatwerk-Chef Wolfgang Lattacher. „Dos is a kultureller Kängurusprung, der überhaupt keine Tradition bei uns nochweisen konn. Man konn jo

7 Sammelbegriff für das Kärntner Gwand
8 www.rettl.com

a nit die Kärntner Fahne für an Tanga verwenden. Die Jugend glaubt jo noch gach, des is wirklich ein Teil ihres Heimatgewandes."
Den stolzen Preis von 590 Euro kostet der „Original Kärntner Kilt" Modell „Mirnock" aus sieben Meter Stoff mit versilberten Schnallen. Das leichtere Modell „Faaker See" ist um 295 Euro zu haben. Ob es beim Kärntner Kilt historische Regeln für die richtige Unterbekleidung gibt, ist übrigens nicht überliefert.

Heimatwerk, Gesangstrios, Blaskapellen, Lederhosenfreunde. Die vielen Vereine, Gruppen, Dachverbände, Organisationen, Institutionen und Verbände, die alle das „Kärntnerische" im Herzen haben sind verwirrend verzweigt und miteinander verflochten. Sie spannen sich wie ein Netz über ganz Kärnten bis hinein in den letzten Winkel. Man findet sie überall.
Eine kleine Auswahl gefällig?
Die Klagenfurter Fahnenschwinger zum Beispiel: Elf Jahre lang schwang David Werdinig die Fahne einsam und alleine, ehe er 1980 Gleichgesinnte fand. Die Herrschaften in roten Samtwesten, schwarzen Kniebundhosen, und blaue Baumwollstutzen lassen sich den Kärntner Liedermarsch blasen und dazu hauchdünne, gelb-rot-weiße Flaggen am Stil flattern. Sie üben regelmäßig, treten etwa 20 Mal im Jahr öffentlich auf und kämpfen dabei um Bruchteile von Sekunden: Logischerweise wirkt das Ganze nur, wenn alle zur selben Zeit dasselbe tun.
Die Kärntner Bürger- und Schützengarden: Wenn der Landesschützenjägermeister mit allen acht Schützengarden ausreitet, sind an die 500 Uniformierte auf der Straße. Deutschgetümel? Aber wo! Die Uniformen sind französisch, die Karabiner auch nur „alt"-deutsch.
Der Landesverband der Städtischen Bürger- und Goldhaubenfrauen: Bewerberinnen müssen nicht schon unbedingt „unta da Haube" sein. Auch Ledige werden willkommen geheißen. Einzige Voraussetzung: der Mut zum Bänderhut und zur Haube. Ob Spiegel-, Boden- oder Goldhaube: Wenn man die Pracht der Tracht nicht von der Mutter erben kann, muss man für ein vollständiges Bürgerinnengewand schon etwa 3700 Euro hinlegen.
Die Volkstanzgruppe Lindwurm: Hoppla, Volkskundlich genommen und wenn man ganz streng ist, haben die Schuhplattler in Kärnten nichts verloren. Trotzdem hupfen und klatschen zünftige Mannsbilder in Lederhosen, mit einem in Kupferblech gestanzten Lindwurm auf ihrem Gürtel, Zuschauern gerne etwas vor.
Die Spinngemeinschaft Granitztal: Die Damen treffen sich vor allem im Winter an einem warmen Örtchen. Im Handgepäck führt jede ihr

Spinnrad mit. Scheren der Schafe, spinnen von Fließ und stricken von Flauschigem für die Familie. Klingt irgendwie gemütlich.
Die Kärntner Landjugend: Die „jungen Wilden“ im Brauchtum sind nicht immer so, wie's die Alten gern hätten. In mehr als 100 Ortsgruppen versuchen ländliche Jungmänner und -frauen ihre Freizeit sinnvoll zu gestalten und interessieren sich, nicht immer zur Freude aller, auch fürs moderne Theaterspiel. Vermittlungsinstitut ist die Landjugend zwar keins, aber wenn Kärntner Bauer Kärntner Frau sucht, dann stehen die Chancen beim Volkstanzen, Ziehharmonikaspielen und Erntedankfestefeiern nicht so schlecht.
Das Landwirtschaftliche Museum Ehrental: Die Volkskundler erfassen akribisch sämtliche Täler und Sitten, erforschen alles, von der sauren Suppe bis zum Hochzeitsladen. Wenn das so weitergeht (bereits jedes dritte Brautpaar in Kärnten heiratet in Tracht), wird Volkskunde noch ein gefragter Berufszweig.
Der Slowenische und der Christliche Kulturverband: Mit etwa 60 lokalen, volkstümlichen Vereinen tanzen, singen und spielen die „Slovenska prosvetna zveza“ und die „Krščanska kulturna zveza“ in die Kärntner Klangwolke hinein, machen Welttourneen statt Blasmusik, beschäftigen sich mit Tamburica statt Mandoline und feiern lieber den 26. als den 10. Oktober.
Das Kärntner Volksliedwerk: Hier erforschen, archivieren und analysieren Fachleute alles von „Mei Hamat is a Schotzale“ bis zum Schnadahüpferl und liefern die Theorie für den Kärntner Sängerbund.

An der Spitze der „karantanischen“ Pyramide steht das Sekretariat für Brauchtums- und Heimatpflege. Diese Abteilung der Landesregierung ist zuständig für alle Kärntner Brauchtumsfragen, ein heimatlicher Verkehrsknotenpunkt sozusagen. Ist man auch hier mit Detail- und Spezialfragen überfordert, gibt's das Kärntner Bildungswerk.
Was die Volkshochschule in der Stadt ist das KBW auf dem Land. Unermüdlich versuchen die Funktionäre, die ländliche Bevölkerung mittels Näh-, Tanz- und Backkursen, Ortsverschönerungen und vielem mehr von Fernseher und Wirtshaustisch wegzukriegen. Mit 620 Gruppen und 23.000 Mitgliedern ist das Bildungswerk ein starkes Stück Heimatkultur.

Als strenge Kärntner Mutter für alle kärntnerischen Kärntner sorgt die Kärntner Landsmannschaft seit 1910 für Kärntner Sitte und Kärntner Brauch. Ein bissel viel Kärnten auf einmal? Nein, keinesfalls! Das ist

gerade mal genug, um dem unermüdlichen Streben für „wahres, echtes, bodenständiges Volkstum“ gerecht zu werden.
Mehr als 100 Volkstums-, Kinder-, Grenzland-, Trachten-, Spinn- und Chorgruppen stehen unter dem Dach der KLM. Mitglieder: zirka 10.000.
Die Landsmannschaft stiftet Gedenktafeln, stattet alte Bauerngeschlechter mit Ehrenurkunden aus und gibt die Zeitschrift „Die Kärntner Landsmannschaft“ heraus. Eine Plattform zur Wahrung des Echten und zur Abwehr des multikulturellen, „geschmacklosen Eintopfs“, Ritschert kann damit allerdings kaum gemeint sein.
Neben der Erfindung des Kärntner Anzugs, gehört die Neuschöpfung der Kärntner Hymne zu den Großleistungen der KLM. Das Wort Kärnten kommt darin zwar kein einziges Mal vor, dafür werden aber in der vierten Strophe auch die Frauen gewürdigt.
Die ersten drei Strophen des Textes entstammen der Feder von Johann Thaurer Ritter von Gallenstein, der sie als Gedicht im Jahr 1822 veröffentlichte. Als Johann Michael Offner 1835 eine Gesellschaft von Gästen in seinem Schloss Waldenstein bei Wolfsberg erwartete, bat er seinen Nachbarn Josef Ritter von Rainer-Harbach, eines der Gedichte der Schlossbibliothek für eine Darbietung mit Musik zu bereichern. Dieser wählte besagtes Gedicht, und es fand so großen Anklang bei den Gästen, dass es sich in den folgenden Wochen unter dem Titel „Dort, wo Tirol an Salzburg grenzt“ in ganz Kärnten verbreitete.
1911 wurde es von der Landsmannschaft zur „Kärntner Nationalhymne“ erklärt. Im Jahr 1828 ergänzte Agnes Millonig das Lied um die vierte Strophe. Während die ersten drei von West nach Ost die Landschaft Ober-, Mittel- und Unterkärntens beschreiben und poetisch deren Schönheit rühmen, bezieht sich die letzte in eher martialischen Worten auf den Kärntner Abwehrkampf.

Kärntner Heimatlied

Dort, wo Tirol an Salzburg grenzt,
des Glockners Eisgefilde glänzt,
wo aus dem Kranz, der es umschließt,
der Leiter reine Quelle fließt,
laut tosend längs der Berge Rand,
beginnt mein teures Heimatland.

Wo durch der Matten herrlich Grün
des Draustroms rasche Fluten ziehen,

vom Eisenhut, wo schneebedeckt
sich Nordgau's Alpenkette streckt,
bis zur Karawanken Felsenwand
dehnt sich mein freundlich Heimatland.

Wo, von der Alpenluft umweht,
Pomonens schönster Tempel steht,
wo sich durch Ufer, reich umblüht,
der Lavant Welle rauschend zieht,
im grünen Kleid ein Silberband,
schließt sich mein liebes Heimatland.

Wo Mannesmut und Frauentreu
die Heimat sich erstritt aufs neu,
wo man mit Blut die Grenze schrieb
und frei in Not und Tod verblieb,
hell jubelnd klingt's zur Bergeswand:
Das ist mein herrlich Heimatland.

Gesungen wird die erste Strophe meistens, die vierte immer. Bei so gut wie jeder größeren Veranstaltung und natürlich am 10. Oktober.
„Es is die Sehnsucht noch Riten, der wir Kärntner gern nochhängen", sagt Wolfgang Lattacher. „Egal, ob es die Fleischweihe am Karsamstag is, da Kirchtog oder die Volksabstimungsfeier."

Der Kalender zeigt wieder einmal den 10. Oktober. Oben auf den Berggipfeln der Karawanken brennen die Höhenfeuer, unten im Tal wird gesungen und marschiert. Frauen und Männer schreiten im Fackelzug durch den Herbstnebel zum Abwehrkämpferdenkmal. Böller krachen. Ein überlebensgroßer Soldat aus Stein liegt auf einem Sockel. Ältere Herren im Kärntner Anzug legen Kränze nieder. Links und rechts hängen Kärntner Fahnen. Eine hängt falsch.
Dabei hat doch Wilhelm Deuer, Vizedirektor der Kärntner Landesarchivs, erst fünf Tage zuvor via „Kleine Zeitung" noch einmal eindringlich darauf hingewiesen: „Ist die Fahne horizontal, kommt als oberstes Gelb. Hängt sie vertikal, steht Gelb links." Die einfache Eselsbrücke des Heraldik-Spezialisten: „Die Farbenfolge hält sich an das Alphabet, beginnt also mit Gelb und endet mit Weiß. Das ist das Einzige, was man sich merken muss."

VERGONGEN UND HEIT

Josef Pekec stapft durch hohes Gras. „Do irgendwo is sie gstondn." Etwas beschämt schaut der stattliche Mann auf seine Schuhe, wenn er hier am Rand von Obersammelsdorf steht und von damals erzählt: „I wor 15 Johr olt und aktiv beim Ortstafelsturm. Do is ane von die Tafln gstonden – wir hom sie ausgrissn."

Es war der Herbst im Jahr 1972. Die Regierung Kreisky hatte in Erfüllung des Staatsvertrages von 1955 ein Ortstafelgesetz beschlossen und irrwitzigerweise am 20. September, wenige Tage vor dem heiligsten Feiertag der Kärntner, zweisprachige Tafeln in 205 Südkärntner Ortschaften aufstellen lassen. In einer Nacht-und-Nebel-Aktion. Wo laut Volkszählung von 1971 mindestens 20 Prozent der Menschen Slowenisch sprachen, sollte dies auch in der Landschaft sichtbar sein.

Schon in der Monarchie gab es in Kärnten amtliche slowenische Ortsbezeichnungen, zweisprachige Aufschriften auf Bahnhöfen und Haltestellen. Ortstafeln allerdings gab es damals nicht. Ein zusammenhängendes slowenisches Siedlungsgebiet war daher nicht zu erkennen.

Artikel 7 Absatz 3 des österreichischen Staatsvertrags von Wien-Belvedere verlangt zweisprachige Ortstafeln, nennt aber keine konkrete Prozenthürde. Lange Zeit hatte sich die Regierung nicht um die Vorgabe gekümmert. Erst als radikale Slowenen slowenische Bezeichnungen auf deutschsprachige Ortstafeln schmierten und die internationale Öffentlichkeit auf die Vertragsschuld aufmerksam wurde, handelte Bruno Kreisky.

Doch das politische Klima in Kärnten war stark emotionalisiert.

Vor allem der Kärntner Heimatdienst (KHD), nach eigener Diktion Österreichs „größte parteifreie heimattreue Gemeinschaft", machte gegen die Zweisprachigkeit mobil. Der „Volkszorn", der sich in beschmierten und ausgerissenen zweisprachigen Ortstafeln manifestierte, war so spontan nicht: „Do hots geheißen, heut obend forma aus und holn uns die gonzen Tofln runta", erzählt der frühere Ortstafelstürmer Josef Pekec. „Wir worn 300, 400 Leut und hom uns in St. Primus bei an Gosthof troffn." Viele von ihnen hatten als Kinder kaum ein Wort Deutsch gesprochen, doch nun sahen sie sich als Verteidiger Deutsch-Kärntner Interessen. „Do wor da Ex-Bürgermeister dabei und vom Heimatdienst Leute und dos wor eigentlich olles gut organisiert. Im Nochhinein is mir klor: Uns Junge homs vorgschickt: Mochts ihr die Orbeit."

Als die Autokonvois anrollten, wurden die Tafeln von Gendarmeriebeamten bewacht. Zum verstärkten Tafelschutz waren niederösterreichische Beamte ins Krisengebiet abkommandiert worden. Am Wegweiser „Obersammelsdorf/Zvrhnje Žamanje“ standen 15 Gendarmen einer Übermacht von mehr als 200 Tafelstürmern gegenüber. „Wir hom sie zur Seitn gschobn, Tofl raus, eine in Kofferraum und weiter zur nächsten. Wir worn mit Begeisterung dabei. Wir hom nicht eingsegn, dass do a slowenische Tofl steht. Die ist nie gstonden und de darf net stehen. Des wor schon sehr dramatisch, weil a bissl weiter is die Tafel von Grabelsdorf gstonden und do hat ein Gendarmeriebeamter die Pistole gezogen und hot gsogt: Wenn wir die Tafel angreifen, fongt er zum schiaßen an. Und do is schon a Situation entstanden, wo i gedocht hob: So, jetzt is vorbei. Jetzt geht’s los. Oba Gott sei Dank hot sich dos wieder beruhigt. Sie hom uns die Tofl wieder ausreißen lassen und wir sind wieder ins Auto und zur nächsten. Es ist der Gendarmerie gar nix anderes übrig geblieben. Wir worn jo so gereizt. Wenn do wos ... do hätte es wahrscheinlich Tote geben.“

Bis auf einige Tätlichkeiten sind die Aktionen friedlich verlaufen. Wohl wurde einem Gendarmerieoberst ein Tritt versetzt, so dass dessen Uhr zerbrach; wohl wurden einem anderen Beamten Kappe und Pistole entwendet und ins Gebüsch geworfen, aber beim Suchen wurde geholfen. Die niederösterreichischen Gendarmen wurden aus Thermosflaschen mit Tee versorgt, einige sind später als Feriengäste wiedergekommen.

Binnen weniger Tage fegte der herbstliche Tafelstrum alle zweisprachigen Ortsbezeichnungen hinweg. Die Schilder landeten entweder vor dem Amt der Landesregierung in Klagenfurt, oder sie verschwanden in Wäldern und Flüssen, vereinzelt wurden sie in Hausfundamente einbetoniert. Der italienische Speditionsunternehmer Martino Parisi hat sich eine Tafel als Souvenir nach Treviso mitgenommen.

Kreisky und SPÖ-Landeshauptmann Hans Sima hatten die Stimmung im Volk völlig falsch eingeschätzt. Neben dem ausgelebten Vandalismus gab es auch Bombendrohungen gegen das Amt der Landesregierung und das Slowenische Gymnasium in Klagenfurt. Der Bundeskanzler wurde bei einer Demonstration in Klagenfurt beschimpft, angespuckt und mit faulen Eiern und Paradeisern beworfen.

Der KHD rief zu Massenveranstaltungen. „I wor mit dabei“, erinnert sich Pekec. „Do worn 30.000 Leute anwesend. Des wor a schlimme Zeit, wenn i so zruckdenk. Die Stimmung wor sehr angspannt. Domols wor wirklich a Zeit, wenn do irgend a folsche Reaktion von irgend ana Seiten kummen war, do wars wirklich zu an Eklat kummen. 1972 wor wirklich knopp vorm Bürgerkrieg, ehrlich. Dos Radikale is von beiden Seiten kummen.“

Für die slowenische Volksgruppe stellte der Tafelsturm einen brutalen Akt der Einschüchterung dar. Viele trauten sich nicht mehr, ihre Meinung zu sagen. Schnell wurden sie zu Buhmännern, zu Unruhestiftern: „Titokommunisten, Partisanenschweine, geht's abe!"
Was bereits über Jahrzehnte latent vorhanden war, brach offen aus: Ab 1972 wurden Partisanendenkmäler, Grabstätten, Hochspannungsmasten, Gleisanlagen und öffentliche Gebäude systematisch zur Zielscheibe des Terrors. Wenig später kam es zum „Gegenterror": Auf die Wände im Stiegenhaus des Rathauses von Bleiburg sprühten unbekannte Täter: „Tod dem Kärntner Heimatdienst". Ein Sprengstoffanschlag traf das „Haus der Heimat" in Miklautzhof. In den Büros des Heimatdienstes und des Abwehrkämpferbundes in Klagenfurt richteten Bombenattacken großen Sachschaden an. Radikale Slowenen schmierten nächtens Parolen wie „Artikel 7 – unser Recht" auf öffentliche Gebäude. In Völkermarkt wurde das Denkmal der Ikone des Abwehrkampfes mit NS-Vergangenheit, Hans Steinacher gesprengt. Bei einem Bombenanschlag auf das Heimatmuseum in Völkermarkt wurde später die Verwicklung des jugoslawischen Geheimdienstes offenkundig.
Schlimme Erinnerungen, Ängste erfassten die Menschen.

Die hoch explosive Hysterie führte 1973 zu massiven Verlusten der SPÖ bei den Gemeinderatswahlen in Südkärnten. In der Folge verlor Hans Sima alle seine politischen Ämter und wurde von Leopold Wagner als Landeshauptmann und SPÖ-Chef abgelöst. Danach wurde ein Konsens angestrebt: SPÖ, ÖVP und FPÖ vereinbarten eine Minderheitenfeststellung, die aber zum Fiasko wurde. Sogar in Wien gaben mehr Menschen Slowenisch als Muttersprache an als in Kärnten. Die Boykottaufrufe der Kärntner Slowenenvertreter hatten gefruchtet. In Zell Pfarre entwendeten sogar vier slowenische Aktivisten die Wahlurne und verbrannten die Stimmzettel auf der Straße.
1976 wurde schließlich ein Volksgruppengesetz beschlossen und die Topographieverordnung von 1977 legte die Hürde für zweisprachige Ortstafeln auf 25 Prozent slowenischen Bevölkerungsanteil. Die Zahl der betroffenen Ortschaften sank damit auf 91.
Am 30. Juni 1977 wurden erstmals nach dem „Sturm" wieder zweisprachige Ortstafeln in Kärnten aufgestellt, und zwar in Zell Pfarre/Sele Fara, der Gemeinde mit dem bis heute höchsten Anteil an Volksgruppenangehörigen. Die befürchteten Ausschreitungen bleiben aus, in den Wochen darauf folgten einige andere Gemeinden dem Beispiel Zell Pfarres. Andere wieder drückten sich, in manchen Fällen mit der Begründung, es gebe keinen Ortskern und daher sei keine Tafel nötig.

Deshalb wurde etwa in Windisch Bleiberg/Slovenji Plajberk bis 2005 einfach überhaupt keine Tafel aufgestellt.
Josef Pekec und die anderen Ortstafelstürmer wurden ebenso wie slowenische Aktivisten vom Bundespräsidenten begnadigt. Pekec, später ÖVP-Vizebürgermeister in St. Kanzian am Klopeiner See: „Für mi wor der Ortstafelsturm eine Jugendsünde. I wor Mitglied beim Heimatdienst und bin später ausgetreten. I hob viel Bücher gelesen, Geschichte verfolgt und bin draufgekommen: I hob an Fehler gmocht, dass i domols überhaupt dabei wor. Es tuat mir sehr Leid, was i do gmocht hob. Oba wos soll man mochn? Von meinem Freundeskreis her und auch von Seiten der Verwandten sind wir als Kinder schon so erzogen worden, dass die Slowenen lauter, hort gsogt, folsche Leit san. Und des wor für mich als Kind immer ein Feindbild: Der is ein Slowene, und mit dem will i nix zu tun hobn."

Nach den Erkenntnissen des Verfassungsgerichtshofs, der Ortstafeln ab einem Slowenen-Anteil von zehn Prozent verlangt, brach der Konflikt in den letzten Jahren wieder auf.
Der Slowenen-Vertreter und Rechtsanwalt Rudi Vouk war zu schnell durch St. Kanzian und dann durch weitere Ortschaften gefahren, um gegen den aufgebrummten Strafzettel zu berufen. Es ist der einzige Weg, um über das Verfassungsgericht die von ihm gewünschten zweisprachigen Ortstafeln einzuklagen. Ein juristischer Trick.
Landeshauptmann Jörg Haider ließ auf Basis einer neuen Verordnung einsprachige Ortstafeln um wenige Meter verrücken, um dadurch eine Art Perpetuum mobile von VfGH-Verfahren in Gang zu setzen und zweisprachige Tafeln zu verhindern. Auch ein juristischer Trick.
In unzähligen „Tafelrunden" in Wien und Klagenfurt konnten sich Parteien, Heimatverbände und Slowenenorganisationen auf keine gemeinsame Lösung einigen. Ein Kompromissvorschlag, den der Historiker Stefan Karner ausgearbeitet hatte wurde zwar vom Kärntner Heimatdienst und zwei Slowenenorganisationen unterstützt, vom Kärntner Abwehrkämpferbund, vom Rat der Kärntner Slowenen und von Landeshauptmann Jörg Haider hingegen abgelehnt. Das Papier sah insgesamt 158 zweisprachige Tafeln (derzeit sind es 77) auf der Basis von vier Volkszählungsergebnissen vor.
Nachdem sich der Verfassungsgerichtshof im Frühsommer 2006 in einem Punkt selbst korrigiert und seine Forderung nach zweisprachigen Tafeln in St. Kanzian zurückgenommen hatte, legte die Bundesregierung einen Entwurf für ein neues Verfassungsgesetz vor. Bis 2009 sollten in Summe 141 zweisprachige Ortstafeln stehen. Die Basis dafür

bildete eine 15/10 Formel: Eine Ortschaft mit einem Slowenenanteil von mindestens zehn Prozent sollte zweisprachige Ortstafeln bekommen, wenn in der gesamten Gemeinde mindestens 15 Prozent der Bürger der slowenischen Volksgruppe angehören. Die Regelung sollte mit Verfassungsmehrheit (also auch mit den Stimmen der SPÖ) beschlossen werden, um zu verhindern, dass ein Schnellfahrer wie Rudi Vouk erneut den Verfassungsgerichtshof mit dem Thema befassen könnte. Dieser Kompromiss scheiterte im Juli 2006 an der Verweigerung der SPÖ, nachdem die Slowenenorganisationen ihre Zustimmung zurückgezogen hatten. Streitpunkt war die so genannte Öffnungsklausel. Demnach sollten nach 2010 über die vereinbarten zweisprachigen Ortstafeln hinaus weitere aufgestellt werden können, wenn in den nächsten Jahren der Slowenenanteil in einer Ortschaft auf über zehn Prozent steigt. Dabei sollte dem Land Kärnten und den Gemeinden ein Mitspracherecht eingeräumt werden, was nach Ansicht der Slowenenvertreter jede weitere Tafel für alle Zukunft ausgeschlossen hätte.
Das Problem bleibt also weiter ungelöst. Die Ortstafeln erhitzen weiter die Gemüter.

Aber warum, fragt man sich. Warum lösen kleine zweisprachige Ortstafeln solche Emotionen aus? Wie konnte so ein Klima entstehen? Warum scheitern Kompromissversuche im 21. Jahrhundert an Extrempositionen? Sind die Kärnten einfach zu blöd? Ewiggestrige? Nationalisten – deutsche und slowenische? So einfach ist das nicht.

„Da Weana versteht des nit. Nit amal, wenn er nicht aus Wean is, sondern aus Linz oder St. Pölten, da Weana. Weil er eben ka Kantna is“, sagen viele Menschen in Unterkärnten und haben damit nicht einmal so Unrecht.
„Die im Grunde lächerliche Frage der Ortstafeln wurde zum Aufhänger für allerlei Unbehagen“, analysiert der Historiker Wilhelm Wadl. „Das Wissen über die geschichtlichen Zusammenhänge ist nicht einmal im Grenzraum stark verbreitet. Was das Leben und die Meinungen bestimmt, ist vielmehr ein dumpfes Unbehagen.“

Um Antworten zu finden, muss man fast 100 Jahre in der Geschichte zurückgehen: Es waren die letzten Tage eines Imperiums. Mehr als 600 Jahre lang hatten die Völker der Donaumonarchie friedlich unter der Krone der Habsburger zusammengelebt, 1918 zerfiel der Staat binnen weniger Wochen. Das Ende des Ersten Weltkrieges bedeutete auch das Ende für das alte Herzogtum Kärnten. Die provisorische Kärntner Landesversammlung (27 Deutschnationale, 18 Sozialdemokraten, 11 Christlich-Soziale und zwei Truppenvertreter) unter der Führung des deutsch-freiheitlichen „Landesverwesers“ Arthur Lemisch erklärte am 11. November 1918 den Beitritt zur Republik Deutsch-Österreich – obwohl diese in Wien erst einen Tag darauf ausgerufen wurde. Doch Ansprüche auf die territoriale Erbmasse erhoben auch Italien und das neue, am 1. Dezember 1918 gegründete Königreich der Serben, Kroaten und Slowenen (SHS).

Zum ersten Mal wurde die historische Grenze zwischen den Herzogtümern Kärnten und Krain in Frage gestellt. Zwar waren schon im Revolutionsjahr 1848 Ideen aufgekommen, die slowenischen Länder der Monarchie zusammenzufassen und eine eigene Verwaltungseinheit einzurichten, eine Art slowenisches Kronland, doch selbst unter den Slowenen war dies umstritten. Krain stand bis zuletzt treu zum Wiener Kaiserhaus. Weltanschaulich fühlten sich die klerikal-konservativen Slowenen den Habsburgern sogar näher als der traditionell antiklerikale „deutsche Freisinn“ in Kärnten.

Der SHS-Staat verlangte nun das gesamte Südkärntner Gebiet. Südslawische Soldaten rückten in Kärnten ein. Die Landesversammlung beschränkte sich zunächst auf Proteste. Am 23. November 1918 schloss der militärische Landesbefehlshaber Oberstleutnant Ludwig Hülgerth mit dem Beauftragten der Laibacher Regierung Alfred Lavrič in Ferlach sogar ein Abkommen, das Jugoslawien das Besatzungsrecht südlich der Linie Gail-Gailitz-Drau einräumte.

Schon einen Tag später erhoben jedoch Gailtaler Bürger und Bauern, darunter etliche Slowenen, ihre Waffen gegen südslawische Gendarmen, die nach St. Stefan und Maria Gail vorgedrungen waren. Und als das südslawische Militär unter Bruch des Abkommens die nördlich der Drau gelegene Stadt Völkermarkt besetzte, beschloss die Kärntner Landesversammlung am 5. Dezember den bewaffneten Widerstand. Freiwilligenverbände formierten sich.

Es kam zum Krieg. Wenige Wochen zuvor hatten sie noch gemeinsam unter dem kaiserlich-königlichen Doppeladler Österreich-Ungarns am Isonzo gekämpft, jetzt schossen sie aufeinander. Ein Trauma folgte auf das Nächste.

„Beide Seiten haben geglaubt, das Beste für ihre Sache zu tun“, meint Universitätsprofessor Heinz-Dieter Pohl. „Die Südslawen haben sich an der Sprachgrenze orientiert und die Kärntner an der Landesgrenze.“ Der Abwehrkampf hat auf österreichischer Seite 273 und auf jugoslawischer Seite 170 Tote und beiderseits Hunderte Verletzte gefordert. „Wo

man mit Blut die Grenze schrieb", heißt es in der vierten Strophe des Kärntner Heimatlieds martialisch, „und frei in Not und Tod verblieb".
Nach Anfangserfolgen der „Kärntner Abwehrkämpfer" mündete die Konfrontation mit dem zehnfach überlegenen Gegner schließlich in einer Niederlage: Südkärnten wurde mehr als ein Jahr lang von SHS-Behörden kontrolliert, Klagenfurt im Juni und Juli 1919 von südslawischen Truppen besetzt.

Doch die Entscheidung über die europäische Nachkriegsordnung fiel bei den Friedensverhandlungen in den Vororten von Paris. Dabei erwies sich die gut vorbereitete US-Delegation als ein wichtiger Fürsprecher österreichischer Anliegen. Nach dem Ende des Krieges hatten „field missions", zusammengesetzt aus Wirtschafts-, Politik- und Militärexperten, umstrittene Grenzregionen aufgesucht, um an Ort und Stelle offene Fragen zu studieren. Zwischen dem 29. Jänner und dem 6. Feber 1919 bereiste eine US-Mission unter der Führung von Obstlt. d. G. Sherman Miles Kärnten. Die nicht immer einheitlichen Erkenntnisse des Komitees bildeten für die Entscheidung der US-Amerikaner eine wichtige Grundlage.

Washington erkannte die wirtschaftliche Bedeutung eines ungeteilten Klagenfurter Beckens, stimmte aber gleichsam in einer Kompromissvariante dem Drängen Frankreichs zu, eine Volksabstimmung durchzuführen.

Der Friedensvertrag von St. Germain von 1919 trennte alle südlich der Karawanken gelegenen Gebiete von Kärnten ab: das Kanaltal, dessen Bewohner zu zwei Drittel Deutsch, und zu einem Drittel Slowenisch sprachen, ging an Italien, das Mießtal, Unterdrauburg und die Gemeinde Seeland (Kankertal) an das SHS-Königreich. Für Kärnten bedeutete dies den Verlust von immerhin acht Prozent des Territoriums und sechs Prozent der Bevölkerung. Darüber hinaus wurden zwei Abstimmungszonen festgelegt.

Zuerst sollte im Südosten Kärntens, südlich und nördlich der Drau, aber ohne der Landeshauptstadt Klagenfurt abgestimmt werden. Würde sich eine Mehrheit für den SHS-Staat ergeben, hätte auch noch in Klagenfurt und Umgebung abgestimmt werden sollen. Der Wunsch der SHS-Vertreter, die Zone I nur auf das Gebiet südlich der Drau zu beschränken, wurde nicht erfüllt.

In der Vorbereitung auf die Volksabstimmung wurde die Karawanken-Grenze zum Mythos. Nach der Abtrennung der südlichen Gebiete, galt den Strategen der pro-österreichischen Propaganda der mächtige Bergzug als natürliche Landesgrenze im Süden. Es galt die nicht ganz korrekte Losung: „Kärnten frei und ungeteilt."

Der 10. Oktober 1920 – ein Datum, um das sich in Kärnten auch heute noch vieles dreht. Es ist der Tag der Volksabstimmung in der Zone I. 22.025 Menschen oder 59 Prozent votierten für die Zugehörigkeit zur Republik Österreich, darunter 10.000 slowenischsprachige Kärntner, die in diesem Wahlgang etwa 70 Prozent der Wähler stellten und denen seitens der provisorischen Landesversammlung kurz vor der Wahl weitgehende Minderheitenrechte zugesagt worden waren. Für einen Anschluss an das Königreich Jugoslawien stimmten 15.279 Wahlberechtigte, 42 Prozent. Darunter auch zirka 500 Deutschkärntner.
Damit war eine Abstimmung in der Zone II nicht mehr nötig. Das gemeinsame Kärntner Landesbewusstsein war stark genug ausgeprägt und triumphierte über das nationalpolitische Empfinden. Die slowenische Mutter- oder Umgangssprache allein reichte nicht aus, sich von Österreich ab- und dem serbisch dominierten SHS-Staat zuzuwenden. Kärnten blieb zum Großteil bei Österreich. Wäre freilich, wie ursprünglich von den Südslawen gefordert, nur südlich der Drau abgestimmt worden, hätte das Ergebnis eine knappe Mehrheit von 322 Stimmen für Jugoslawien ergeben.
Die 10.000 slowenischen Stimmen haben den Ausschlag gegeben. „Heimattreue Slowenen" oder „Windische" nannte das damalige Kärnten von nun an jene, die für Österreich waren. Von der slowenischen Presse wurden sie hingegen „traurige, in jeder Hinsicht demoralisierte Renegatenfiguren" genannt.
Zwar versuchte der SHS-Staat nach der Volksabstimmung neuerlich, Kärnten zu besetzen, musste aber seine Truppen aufgrund internationaler Proteste bis 22. November 1920 aus dem Abstimmungsgebiet abziehen. Das Ergebnis der Volksabstimmung wurde als großer Erfolg gefeiert. Die 1920 festgelegten Grenzen Kärntens sind bis heute unverändert geblieben.
Die errungene Landeseinheit wurde zum wichtigsten identitätsstiftenden Ereignis in einer Zeit der Orientierungslosigkeit und wirtschaftlichen Krise. Hinter dem Kampf um die Landeseinheit verschwand das Blut des Ersten Weltkrieges. Kärnten hatte einen neuen Mythos, eine neue Geburtsstunde. Im Abwehrkampf und an der Wahlurne: „Wo Mannesmut und Frauentreu, die Heimat sich erstritt aufs neu."

Fast 100 Jahre ist das her. Auch heute wird noch gefeiert. Wenn die Heldendenkmäler lange Schatten werfen, beginnt der Kärntner Herbst.
Der letzte tatsächliche Abwehrkämpfer wurde 2005 im Alter von 104 Jahren zu Grabe getragen. Doch das tut im Grunde nichts zur Sache. Die Geschichte wird gelebt. Auf Schritt und Tritt stößt man auf Gra-

nitblöcke, die an den Abwehrkampf erinnern. 60 Denkmäler stehen in ganz Kärnten.
An jedem 10. Oktober trifft man in den Kärntner Dörfern und Städten Goldhaubenfrauen und Forstleute, Dirndln im Dirndl und Buam in der Krachledernen. Gedenkfeiern, Brauchtumsumzüge, Höhenfeuer, Liederabende und Galakonzerte – Land auf und Land ab.
„Auch wenn die Menschen oft nicht über die wahren Zusammenhänge informiert sind, das Geschichtsbewusstsein im Allgemeinen ist in Kärnten viel stärker ausgeprägt als in anderen Teilen der Republik", analysiert Wilhelm Wadl. „Das liegt vor allem an der Lage als Grenzland und der im letzten Jahrhundert durch zwei Nationalismen aufgeladenen Geschichte."
Was für die Republik Österreich Eckdaten wie 1918 und 1938 oder 1945-1955-1995 sind, ist für Kärnten der 10. Oktober des Jahres 1920. War dieses Datum die letzte Rettung vor dem Untergang, eine Wiedergeburt oder ein Neubeginn? Eine nationale Aufwallung?
Was war es wirklich? Es war ein Plebiszit, eine Volksabstimmung über die Einheit in gemeinsamem Zusammenleben zweier Volksgruppen beziehungsweise Sprachgemeinschaften oder über die Trennung nach nationalen Gesichtspunkten.
„Die Kärntner Geschichtsschreibung überhöht vielleicht den Abwehrkampf und die Volksabstimmung", sagt Universitätsprofessor Heinz-Dieter Pohl. „Kritiker hingegen versuchen, die Ereignisse für unbedeutend zu erklären, um den Kärntnern etwas am Zeug flicken zu können."
Der 10. Oktober 1920 war sicher ein bemerkenswertes Datum – an den historischen Fakten und am täglichen Zusammenleben der beiden Sprachgemeinschaften hat es wenig geändert. Die gemeinsame Heimat wurde vor- und nachher von der schweigenden Mehrheit gelebt, nicht aber von den politischen Führungskräften beider Volksgruppen.
In der Traditionspflege der prononciert national orientierten Kreise wurde später daraus ein „deutscher" Kampf um Kärnten („Abwehrkampf") beziehungsweise ein „slowenischer" Kampf um die „Nordgrenze". Die national-mythologischen Strickmuster auf beiden Seiten sind einander recht ähnlich und voneinander abhängig. Die Kämpfe um die Karawanken-Grenze müssen offenbar immer wieder von neuem durchgekämpft werden. In den Lüften über der Kärntner Landschaft kämpfen die Geisterheere noch jahrzehntelang weiter.
Die Kärntner Erinnerungskultur wurde durch Polarisierung verändert. Vor allem die Nazizeit verfälschte das Ergebnis der Volksabstimmung und beschleunigte die Germanisierung Kärntens. Dramatisch war die

Tatsache, dass etwa Hans Steinacher, einst „führender Agitator“ für den Verbleib Südkärntens bei Österreich, als NSDAP-Mitglied zu einem Betreiber der Aussiedlungen von Kärntner Slowenen wurde. Unter den Abwehrkämpfern waren auch Juden gewesen und manche Abwehrkämpfer starben in den NS-Konzentrationslagern. Doch 1940 erklärte die NSDAP-Gauleitung, die Volksabstimmung sei „das erste Aufflammen der nationalsozialistischen Revolution in Kärnten“ gewesen. Slogan der Feiern: „Freiheitskampf Kärnten – Heldenkampf Narvik“.

Seit Anfang der 30er Jahre erzielten die Nationalsozialisten auch in Kärnten bei Landtagswahlen, vor allem aber auch bei Gemeinderatswahlen beachtliche Stimmengewinne. Wirtschaftsprobleme und politische Radikalisierung spielten den Nationalsozialisten in die Hände. So stellte die NSDAP in der Landeshauptstadt Klagenfurt 1931 mit neun der 31 Mandate die zweitstärkste Gemeinderatsfraktion, im darauf folgenden Jahr gelang ihr auch in zahlreichen Gemeinden der Durchbruch zu einer politisch bedeutsamen Partei.

Auch während des Verbots der NSDAP und nach der Aufhebung aller Landtags- und Gemeinderatsmandate im austrofaschistischen Ständestaat (ab 1. Mai 1934) waren die Nationalsozialisten in Kärnten hoch aktiv, was sich in Flugblättern, Demonstrationen bis hin zu Sprengstoffanschlägen äußerte.

Als im März 1938 die Nationalsozialisten durch den Anschluss Österreichs an das Dritte Reich die Macht übernahmen, war Kärnten, dem auch Osttirol angegliedert wurde, der erste Reichsgau, der den Vollzug der Machtübernahme in allen Gemeinden des Landes melden konnte.

Am 4. und 5. April 1938 war Adolf Hitler in Klagenfurt. Beim Sandwirth ließ er sich Kasnudeln servieren und hielt eine Rede vom Balkon. Auch in Kärnten jubelten Menschen. Hitlers Fahrt durch die Straßen und über den Heiligengeistplatz, war auch eine Zäsur im Leben der damals zwölfjährigen Ingeborg Bachmann: „Es hat einen bestimmten Moment gegeben, der hat meine Kindheit zertrümmert. Der Einmarsch von Hitlers Truppen in Klagenfurt. Es war etwas so Entsetzliches, dass mit diesem Tag meine Erinnerung anfängt.“ Die Stimme des Nachrichtensprechers fuhr „wie ein Kugelblitz“ in der Küche umher. Die Kinder saßen still da, „während es im Radio gewittert“.

Im Wappensaal des Landhauses kam es zur Angelobung der sieben neuen Gauleiter der Ostmark durch Hitler. Ehemalige Abwehrkämpfer wollte er nicht empfangen. Die meisten von ihnen hatten sich vor dem Anschluss nicht bei den illegalen Nazis, sondern bei der Vaterländischen Front engagiert.

Bei der so genannten „Volksabstimmung“ über die Einverleibung Österreichs durch das Deutsche Reich stimmten am 10. April 1938 in Kärnten 99,8 % von 243.928 Stimmberechtigten mit „Ja“. Auch die Kärntner Slowenen hatten fast einstimmig für den Anschluss gestimmt, Slowenenführer wie Franz Petek und Joško Tischler versicherten den neuen Machthabern nach der Abstimmung ihre Loyalität für Führer und Reich.

Im März 1941 wurde die bis dahin deutschfreundliche jugoslawische Regierung durch das Militär gestürzt und durch eine Militärregierung ersetzt, die einen Nichtangriffspakt mit Russland schloss. Die deutsche Wehrmacht zerschlug daraufhin in ihrem Balkanfeldzug den jugoslawischen Staat, dessen Armee am 17. April 1941 kapitulierte. Dies hatte in Kärnten zur Folge, dass die dortigen Slowenenführer verhaftet und ihre Vereine aufgelöst wurden.
Das Mießtal und die Oberkrain wurden an Kärnten angeschlossen und die slowenische Bevölkerung auf den Befehl Heinrich Himmlers umgesiedelt. Statt ihnen sollten, so dachten es sich Hitler und Mussolini aus, die deutschsprachigen Kanaltaler nach Kärnten umgesiedelt werden.
Auf den entstehenden Partisanenkampf in Kärnten reagierten die Nazis mit weiteren Aussiedlungsaktionen. Am 18. November 1941 wurde Friedrich Rainer zum NSDAP-Gauleiter und Landeshauptmann von Kärnten bestimmt, das zuvor nur kommissarisch von Salzburg aus verwaltet worden war.

Kärnten war, anders als der Rest Österreichs, schon seit 1942 Kriegsgebiet. Kleine, aber schlagkräftige slowenische Partisanentrupps, die im Gebiet südlich von Klagenfurt operierten, banden zeitweise bis zu 15.000 deutsche Soldaten. 1942 begannen die Nationalsozialisten Südkärnten ethnisch zu säubern, slowenische Familien systematisch zu vertreiben oder in Konzentrationslager zu verfrachten.
„Zur Zeit unserer Vertreibung am 13. April 1942 war ich fünf“, schreibt der slowenische Schriftsteller Andrej Kokot. „Die uniformierten Soldaten kamen frühmorgens und sagten, wir müssten das Haus verlassen und gehen. Man hat uns mit noch zwei Familien auf den Leiterwagen geladen und in das Sammellager Ebenthal bei Klagenfurt gebracht.“ Binnen zwei Tagen wurden über 900 Slowenen ausgesiedelt. Viele Söhne der Ausgesiedelten waren zu dieser Zeit in Hitlers Wehrmacht eingerückt.
„Wir waren in drei Lagern. Im Schloss in Rehnitz bei Stetin, dann im Süden bei Fulda und dann in Rahstatt bei Karlsruhe. Dort mussten un-

sere Väter den Pflug ziehen, zwanzig Männer ohne Tiere. Der SS-Lagerführer sah vom Pferd aus zu."[9]

„In Kärnten wurden unterdessen die leeren Höfe von Südtirolern und Kanaltalern besichtigt. Manche haben es abgelehnt, die ihnen zu einfachen Bauernhöfe zu übernehmen", erklärt der Historiker Wilhelm Wadl. „Und es ist auch zu der perversen Situation gekommen, dass slowenischsprechende Kanaltaler die Höfe von ausgesiedelten Kärntner Slowenen bewohnt haben."
Die Kriegslage in Kärnten verschärfte sich, als ab September 1943 vom alliierten Flugplatz Foggia aus auch Ziele in Kärnten, insbesondere Villach und Klagenfurt, erreicht wurden. Villach war nach Wiener Neustadt die in Österreich durch den Zweiten Weltkrieg am stärksten zerstörte Stadt. Gleichzeitig erhöhte sich der Widerstand der Partisanengruppen, ausgehend von den annektierten Gebieten, ab 1944 zunächst südlich und schließlich auch jenseits der Drau (im Gebiet der Saualpe). Allerdings rief Partisanenführer Josip Broz Tito die Kämpfer im November 1944 auf slowenisches Gebiet zurück, um den Abzug von Wehrmachtstruppen aus Kroatien zu verhindern.

Die Rolle der Partisanen ist bis heute umstritten. Waren sie Helden, die einen wichtigen Beitrag für die Freiheit Österreichs geleistet haben? Oder kämpften sie nur für den Anschluss Südkärntens an das kommunistische Jugoslawien?
„Selbstverständlich haben die Partisanen einen großen Beitrag zum militärischen Widerstand geleistet, Österreich haben ihre Anführer allerdings nicht im Munde geführt", sagt Wadl. „Die dunkelroten jugoslawischen Politkommissare haben den Ton angegeben."
Alle pauschalen Urteile sind, so wie meist, auch über die Partisanen problematisch. „Man kann sie weder in Bausch und Bogen verdammen, wie es eine Seite tut, man kann sie aber auch nicht als die wahren Helden in den Himmel heben, wie es die andere Seite tut", meint Professor Pohl. „Wenn ehemalige Wehrmachtsangehörige abfällig über die Partisanen reden, dann sag ich immer, sie sollen sich doch einmal in die Situation hineinversetzen: Es is doch verständlich, dass ein 18-jähriger slowenischer Bauernsohn, der 1944 für Adolf den Kopf hinhalten soll, in die Wälder gegangen ist. Irgendwann wurde er dann dort von den Partisanen aufgelesen und die haben ihm gesagt: Entweder gehst mit uns mit oder ... So muss man das sehen. Die ehemaligen Wehrmachtsangehörigen und auch die früheren Angehörigen der Waffen-SS sind

[9] Kokot, Andrej; Das Kind, das ich war. 1999. Klagenfurt.

zwar höchst empfindlich, wenn man sie kritisiert, sie haben aber meist kein Verständnis für die andere Seite. Für sie sind die ehemaligen Partisanen alles Banditen. Wir brechen heute zu leicht den Stab über Menschen. Egal, ob sie in der Wehrmacht oder bei den Partisanen waren."
Unter der Südkärntner Bevölkerung hatten die Partisanen Unterstützer und Feinde. Kein Bauer war begeistert, wenn er überfallen und seine Selchkammern ausgeraubt wurden, weil die Kämpfer aus den Wäldern nach Nahrung suchten. Da fiel die „Banditen"-Propaganda der Nazis oft auf fruchtbaren Boden. Die Kluft ging quer durch viele Familien. Ein Sohn war bei der SS, der andere bei den Partisanen. Es kam zu Fememorden unter Familienangehörigen.
In den letzten Kriegstagen im Mai 1945 lieferten sich die britischen Panzer, die – aus Italien kommend – ins Zentrum von Klagenfurt einrollen, einen Wettlauf mit den Partisanentruppen. Die Partisanen kamen unter Titos Befehl vom Südosten her. Am 8. Mai 1945 um 9.30 Uhr erreichte die Britische Armee als erste Streitkraft Klagenfurt – kurz vor dem Eintreffen jugoslawischer Truppen.
In Klagenfurt erlebten die Briten und Jugoslawen eine Überraschung: Im Landhaus hatten bereits demokratisch gesinnte Kräfte die Regierungsgewalt übernommen. Als in weiten Teilen Österreichs noch gekämpft wurde und Gauleiter Rainer Durchhalteparolen ausgab, hatten sich bereits am 7. Mai Vertreter der Widerstandsbewegung und der demokratischen Parteien zusammengefunden.
Eine im Jahr 1985 gestiftete Gedenktafel an der Südwand des Arkadenganges des Landhauses erinnert an diese österreichweite Besonderheit:

In diesem Hause / haben am 7. Mai /
1945 Kärntner / Patrioten aus /
eigener Kraft / die Demokratie /
im Lande wieder / hergestellt.

Die Doppelbesetzung Klagenfurts und Südkärntens durch britische und jugoslawische Truppen sorgte für Verunsicherung. Jugoslawien meldete sofort wieder Gebietsansprüche auf Südkärnten an. Auch die Landeshauptstadt Klagenfurt gehörte dazu. Der „Slovenski Vestnik" die frühere, linke Wochenzeitung der Kärntner Slowenen erschien lange Zeit mit dem Aufdruck „za priključek" „für den Anschluss". Das Klima nach dem Krieg war vergiftet. Viele Kärntner hatten den Eindruck: Es geht schon wieder um die Grenze.
Der von den Jugoslawen unterstützte frühere slowenische Landtagsabgeordnete France Petek versuchte am 16. Mai im Zusammenwirken mit

einer slowenischen Demonstration die provisorische Landesregierung unter der Führung von SPÖ-Landeshauptmann Hans Piesch zu stürzen. Auf die Einsetzung Peteks als Landeshauptmann durch die Jugoslawen reagierte die britische Armee mit dem Auffahren von Panzern und Artillerie.

Wenn heute noch behauptet wird, der Nachbarstaat wolle Kärnten slowenisieren, dann hat das wenig mit der Realität, aber sehr viel mit Geschichte und Psychologie zu tun. Mit den Traumata, die das Land und seine beiden Volksgruppen durchleben mussten.

Der Krieg hinterließ ein Trümmerfeld in Klagenfurt: 60 Prozent der Wohnungen waren beschädigt oder zerstört. Nach der Kapitulation kämpften sich noch tagelang vor den Jugoslawen flüchtende Wehrmachtstruppen durch Südkärnten. Partisanen erstellten mit Hilfe von Einheimischen Listen und exekutierten besonders eifrig Nationalsozialisten, aber auch völlig Unschuldige, die dem Nazi-Regime nicht nahestanden. Angaben über die Anzahl solcher Fälle gehen auseinander. Die Verschleppungen und Tötungen von 1945 wirken allerdings vor allem in der stark betroffenen Grenzstadt Bleiburg bis heute nach. Insgesamt 74 Bleiburger waren im Mai 1945 in die Fänge der Partisanen geraten. 29 davon wurden in Liescha bei Prävali in Slowenien ohne Verfahren ermordet und verscharrt.

Am 20. Mai 1945 zog Jugoslawien seine Truppen zurück und musste in der Folgezeit seine Forderungen nach der Abtretung von „Slowenisch-Kärnten" schrittweise zurücknehmen.

Die Opfer und die Nutznießer der Vertreibungen durch die Nationalsozialisten, die früheren Gestapo-Spitzel und die Partisanen, die Denunzianten und die Angehörigen der Verschleppten, ehemalige Soldaten und KZ-Heimkehrer, lebten noch jahrzehntelang in den Dörfern nebeneinander. Alsbald nach dem Krieg ging man zur Tagesordnung, genannt Wiederaufbau, über. Über das am Nachbarn begangene Verbrechen, das man geduldet oder sogar ermöglicht hatte, wurde nur sehr kryptisch gesprochen. Da erzählte man am Wirtshaustisch schon bereitwilliger über die Kriegsabenteuer in Narvik oder am Balkan.

„Auf der einen Seite war es ja eine Leistung, dass man mit dieser gemeinsamen Vergangenheit, mit dieser Schuld, mit diesem schlechten Gewissen, mit dieser Angst, mit dieser Bürde weiter Haus an Haus leben konnte", analysiert Psychologe Klaus Ottomeyer. „Aber auf der anderen Seite kann ein Boden vergifteter kaum sein. Unter der Oberfläche Deponien des Grauens, auf der man es sich eingerichtet hatte. Über das gemeinsam Durchlittene wurde nur in Ausnahmesituationen

gesprochen. Angriffe von der einen Seite wurden mit dem Hinweis pariert, dass die andere Seite ja noch viel schlimmer gewesen sei."
Kärnten waren tiefe Wunden zugefügt worden. Die Landesgrenzen waren mehrmals in Gefahr. Die Karawanken wurden nun zum letzten Bergwall der westlichen Welt. Eine natürliche Mauer gegen den kommunistischen Süden. Eine Landesgrenze. Eine Systemgrenze. Eine Grenze im Kopf.

Das düstere Kapitel Kärntner Geschichte wurde lange Zeit zugedeckt. Von allen politischen Parteien. Symbolisch für das Schweigen ist der Kärntner Landtagssitzungssaal. Seine Wände werden nach 1945 meterhoch mit Platten bedeckt und übermalt. Die Platten verdeckten die so genannten „Anschlussfresken" von Switbert Lobisser: starke Männer, die Hakenkreuz-Fahnen schwingen. Die Fresken an der Nordwand wurden nicht verdeckt. Es sind Szenen aus Abwehrkampf und Volksabstimmung. Vom selben Künstler. Lobisser hatte sie 1928 gemalt, ehe er dann 1938 von den Nazis mit den Anschlussfresken beauftragt wurde.
Dass die Anschlussfresken als Fortsetzung der Volksabstimmungsszenen gedacht waren, daran besteht kein Zweifel. Sie stimmten mit ihnen nicht nur in Größe, Form und Bildaufbau überein, sondern schlossen auch chronologisch an diese an, so dass sich mit Vollendung des Werkes dem Betrachter ein umlaufender, in der Nordwestecke mit dem Abwehrkampf beginnender Programmzyklus der Zeit zwischen 1918 und 1938 bot. Die Verknüpfung von Volksabstimmung und Nationalsozialismus war – wenngleich den tatsächlichen Ereignissen diametral entgegengesetzt, weil ja jene ein ausdrückliches Bekenntnis zu Österreich war – wohlkalkuliertes Konzept des Nationalsozialismus. Abstimmungsurne und Hakenkreuz, Kärntner Wappen und Hitlergruß – das alles sollte zu einer Einheit verschmelzen. Sollte von nun an die Kärntner Identität prägen.
Die Fresken, die aufgrund des öffentlichen Charakters des Gebäudes und der politisch-berechnenden unseligen Verknüpfung von Volksabstimmung und Anschluss ein überaus peinliches Kapitel der Geschichte darstellen, wurden nach ihrer überraschenden Wiederentdeckung bei der Neugestaltung des Sitzungssaales 1970 erneut übermalt. Erst im Jahr 2000 wurden die Hakenkreuz-Fresken freigelegt, von der Wand gelöst und restauriert. Derzeit lagern die Fresken in einem Depot, sollen jedoch im geplanten Museum für Zeitgeschichte in Kärnten präsentiert werden.

Sind die Fresken im Landhaus ein Symbol für Kärntner Geisteshaltung, wie manche unterstellen? Das Vorurteil vom „braunen Eck" am Fuße der Karawanken stimmt – zumindest statistisch gesehen – nicht. Am Ende des Krieges waren 46.753 der etwa 500.000 Kärntner NSDAP-Mitglieder. Mit einer Registrierungsrate von 8,7 % erwiesen sich die Kärntner damit zwar stärker vom Nationalsozialismus angezogen als Burgenländer (2,6 %) oder Salzburger (6,2 %), blieben aber bei weitem resistenter als Wiener (20,2 %) und Steirer (17,3 %).
Trotz verschiedener Maßnahmen – die Entnazifizierung blieb vorerst Sache der britischen Besatzer – verlief die politische Säuberung auch in Kärnten zurückhaltend. Die Entnazifizierungsstatistik erfasste im Jahre 1947 in Kärnten 3595 belastete und 40.223 minderbelastete Nationalsozialisten. Insgesamt wurden von 1946 bis 1949 vor dem Volksgericht Graz, Senat Klagenfurt, 2934 Verfahren im Sinne der Entnazifizierungsgesetze verhandelt.
Der organisatorische Kopf der Slowenenaussiedlung Alois Maier-Kaibitsch wurde zwar zu lebenslanger Haft verurteilt, der Vollzug unterblieb jedoch aus Krankheitsgründen. Der Klagenfurter Cafetier Ernst Lerch stand wegen Judenerschießungen in Polen erst 1972 vor Gericht, ehe SPÖ-Justizminister Christian Broda das Verfahren einstellen ließ. Während nach 1945 SPÖ und ÖVP nach außen hin politisches Hygiene-Bewusstsein vorgaben und die „strikte Reinigung von NS-Elementen" propagierten, warben die Parteistrategen gleichzeitig unverhohlen um die Gunst der „Mitläufer". Bereits im Juni 1945 ließ der spätere SPÖ-Landeshauptmann Ferdinand Wedenig mit moderaten Tönen gegenüber den „Gegnern von gestern" aufhorchen. Als Organisationsreferent wollte er einen schlagkräftigen Parteiapparat aufziehen und tadelte dabei die britische Militärregierung: Sie bereite Schwierigkeiten, ehemalige Nationalsozialisten zu ordentlichen Mitgliedern der SPÖ zu machen. Noch 1945 führte die SPÖ neben der „ausübenden" eine „unterstützende Mitgliedschaft" ein, die den registrierten Nationalsozialisten vorbehalten blieb. Die Parteisekretariate hatten alle Hände voll zu tun, um ehemaligen NS-Mitgliedern Leumundszeugnisse, in der Praxis als „Persilscheine" bezeichnet, zu beschaffen. Säuberung und Rehabilitierung verschmolzen auf diese Weise miteinander, bis schließlich die Rehabilitierung zum dominierenden Faktor wurde. Die Kärntner wussten die Konzilianz zu nützen: So wurde es schnell Brauch, Spenden mit der Bitte zu versehen, für belastete Verwandte zu intervenieren.
Mit dem Zusammenbruch der NS-Herrschaft ging kein Elitenwechsel einher. In etlichen Gemeinden behielten die von den Nazis eingesetzten Bürgermeister ihr Amt. An Schlüsselpositionen der Kammern saßen

weiterhin „Ehemalige“: Ferdinand Wedenig legte gegen die Bestellung des ÖVP-Mannes Robert Rapatz zum Handelskammerpräsidenten sein Veto ein, initiierte eine sozialistische Anfrage im Parlament und nahm den „Hausnazi der ÖVP“ – so das SP-Organ „Neue Zeit“ – verbal unter Beschuss. Bei der SPÖ wiederum schied Julius Lukas (der Jüngere) aus seinem Amt als Arbeiterkammerpräsident aus, als seine NSDAP-Mitgliedschaft publik wurde. Selbst SPÖ-Landeshauptmann Hans Piesch war definitiv Mitglied des NS-Lehrerbundes gewesen. Die SPÖ bot ehemaligen Nazis eine neue politische Heimat, machte sie zu Grenzgängern. Was Braun war, mutierte zu Rot. Noch 1975 waren vier der 20 SP-Abgeordneten des Landtages ehemalige NS-Mitglieder. Hans Schober, ehedem Landesrat der SPÖ, wusste warum: „In Kärnten sind eben die Roten andere Rote und die Nazis sind eher Nazirote als Nazischwarze.“

Nicht zuletzt aus Angst vor einer neuen Partei öffnete sich auch die Kärntner Volkspartei nach „rechts“: In Stabstellen, auf Kandidatenlisten und in öffentlichen Funktionen rückten „Ehemalige“ nach. Alois Michner, Parteiführer der frühen NS-Bewegung, kam als Sekretär des ÖVP-Landtagsklubs zum Zug. Mit Moritz Czeitschner wurde 1950 ebenfalls ein früherer NS-Landtagsabgeordneter zum VP-Landesparteitag delegiert. Die Kandidatur der Abwehrkämpferikone Hans Steinacher für den Nationalrat war ein deutlicher Fingerzeig in Richtung „Ehemaliger“.

Als Sammelbecken ehemaliger Nationalsozialisten formierte sich 1949 der „Verband der Unabhängigen“ (Keimzelle der FPÖ). Das Odium, als Nazipartei zu gelten, konnte nur schwer widerlegt werden, wenn es auch für Rot und Schwarz damals die einfachste Form der Vergangenheitsbewältigung war, den VdU sarkastisch als „Partei der Unbelehrbaren“ zu punzieren, um auf diese Weise von eigenen personellen Restbeständen aus NSDAP-Reihen abzulenken.

Die Kriegsgeneration war auch die Aufbaugeneration nach 1945. Während versucht wurde, möglichst nicht über die vergangenen Jahre und Jahrzehnte zu reden und vieles unter den Teppich zu kehren, nahmen die vergangenen Ereignisse doch einen zentralen Platz im Leben sehr vieler Kärntner ein. Auch im Leben vieler ehemaliger Soldaten. Die Berichte über den Alltag des Krieges, das Erlebnis von Zerstörung, Verletzung, Tod und Mord, von Kameradschaft und Freundschaft, von Tapferkeit, Mut und Heldentum, von den schlimmen Erfahrungen, der Realität einer totalitären Diktatur, von Brutalität, von Erschöpfung und Apathie, wohl auch von Hilflosigkeit, Verzweiflung und der ganzen Un-

entrinnbarkeit blieben aus. Nur mit den Kameraden konnten sie darüber reden.
„So wurde in Kärnten eine Bergmesse zu einer schrägen Großgruppentherapie für traumatisierte Menschen", analysiert Psychologe Ottomeyer. „Ein Ritual, um mit der Welt und seinem Leben zurechtzukommen."

Ein bewaldeter Felsmugel nördlich von Klagenfurt. Der Hausberg der Hauptstadt: „Mons Carantanus", der Ur-Kärntner Berg. Heute Ulrichsberg genannt. Auf dem Berg eine Kirchenruine.
Es ist der erste Sonntag im Oktober. Seit 1959 bietet sich jedes Jahr dieselbe Szenerie. Wer noch kann, müht sich im klassischen Kärntner Anzug, mit Knickerbockern und Janker oder in legerer Wanderkleidung den Forstweg hinauf; wer es nicht mehr zu Fuß schafft, benutzt die vom Bundesheer gestellten Geländewagen. Oben warten bereits Marketenderinnen mit Schnapsstamperln auf die Teilnehmer. Die alten Männer stehen stramm unter Flaggen und Wappenzeichen. Gebrechliche werden dabei von ihren Kameraden gestützt. Schnauzbärtige Greise, die geschmückt sind mit Orden aus dem zweiten großen Krieg. Auch Burschen sind dabei und Militärs und Politiker. Vor einem meterhohen Kreuz wird eine Messe gelesen, und Kärntner Politiker halten Festreden. Rote ebenso wie schwarze, blaue oder orange. Es ist die größte Gedenkveranstaltung von Weltkriegsheimkehrern.
Die veranstaltende Ulrichsberggemeinschaft tut alles, um einen friedvollen Eindruck zu erwecken: Man wolle der im Zweiten Weltkrieg gefallenen Kameraden gedenken und für die eigene glückliche Heimkehr danken. Im so genannten Ehrenhain, der Kirchenruine, wird nicht nur Soldaten gedacht, sondern auch gefallenen UNO-Beobachtern und verunglückten Feuerwehrmännern.
Doch der Ulrichsberg und die Feiern stehen seit Jahren im Mittelpunkt harter politischer Auseinandersetzungen: Die Veranstaltung sei ein Nazi- und Kriegsverherrlichertreffen an der auch viele ehemalige SSler teilnehmen. Neonazis würden sich anschließen, und ungestraft ihre rechtsradikale Ideologie ausleben.
Der Direktor des Klagenfurter Landesarchivs Wilhelm Wadl: „Man muss zwischen der Grundidee und den Begleiterscheinungen unterscheiden. Die Gründerväter kamen eher aus dem katholischen Lager. Das Treffen hatte zuerst eher einen religiösen Schwerpunkt und sollte in Dankbarkeit an die glückliche Rückkehr aus dem Krieg erinnern. Viele Teilnehmer haben allerdings keine Reflexion, was die SS war. Sie haben eine Vorstellung der Waffen-SS mit nach Hause genommen, die

sie im Rückmarsch gewonnen hatten. Dass es hingegen zuerst einen Angriffskrieg gab, haben sie nicht reflektiert. Wie in allen Altherrenverbänden wird die Grundtendenz in der Ulrichsberggemeinschaft von wenigen vorgegeben. Doch in dieser Form ist es eine aussterbende Sache."
Alle Landeshauptleute haben auf dem Berg Festreden gehalten, viele Verteidigungsminister und einmal auch ein Bundeskanzler – 1967 der Kärntner Josef Klaus. Hohe Vertreter der Kirchen waren stets zugegen. Manche haben auch versucht, den alten Männern ins Gewissen zu reden.
„Was man mit 18, 19 hört, das prägt einen halt das ganze Leben", sagt Professor Pohl. „Und irgendwie brauchen ehemalige Wehrmachtsangehörige auch eine Rechtfertigung für sich, wenn sie drei, vier Jahre am Zweiten Weltkrieg beteiligt waren und um ihr Leben gekämpft haben. Da kann man sich später nur schwer eingestehen, dass man auf der falschen Seite gekämpft hat. Ich glaub da überfordert man die Leut. Nur sollten sie dieses Verständnis, das sie für sich reklamieren, auch der anderen Seite entgegenbringen. Bei den Partisanen war es genauso und man darf ja nicht vergessen, was die Nazis angerichtet haben. Das entschuldigt nichts, was nach dem Krieg an Verschleppungen und Morden mit Deutschen passiert ist, aber es erklärt es."
1997 verkündete der frühere Klagenfurter ÖVP-Bürgermeister und damalige Obmann der Ulrichsberggemeinschaft Leopold Guggenberger: „Wenn do oben einer nazistisch redt, donn hau ich ihm die Goschn ein!"
Das Land litt unter gestörtem Dialog. Dabei hätte ein Großteil der Heimkehrer nichts zu verbergen gehabt. Man hätte sich viel von der Seele geredet, und vielleicht wäre darunter auch der Satz gewesen: Heute wissen wir, dass das, was wir gemäß einer langen Tradition als Verteidigung des Vaterlandes empfunden haben, in der Tat aber die Verteidigung einer bösen Diktatur war, die auch uns Soldaten missbraucht hat. Das hätte viel geändert; spätere Schocks wie die Wehrmachtsausstellung Mitte der neunziger Jahre wären weniger hart ausgefallen. Der gestörte Dialog der letzten Jahrzehnte lässt sich schwer nachholen.

Das Verhältnis zwischen Klagenfurt und Laibach hat sich seit der Unabhängigkeit und dem EU-Beitritt Sloweniens stark gebessert. Nach dem Untergang des kommunistischen Jugoslawien fallen viele Vorurteile von früher weg. Wer sich zum Slowenentum bekennt, kann nicht mehr als Tito-Kommunist verdächtigt werden. Problemlos ist das Verhältnis freilich nicht. Regelmäßig gibt es Streit um das grenznahe Atomkraft-

werk Krško, um die 2300 bis 6000 Altösterreicher in Slowenien oder um die slowenische Minderheit in Kärnten.
Längst sind alle Grenzen in Verträgen endgültig geregelt. Die Karawankengrenze ist schon lange nicht mehr in Gefahr. Heute arbeiten mehr Kärntner in Slowenien als umgekehrt. Die meisten in Spitzenpositionen. Doch die Konflikte des vergangenen Jahrhunderts schwingen noch immer nach. In Kärnten, aber auch in Slowenen.
Heikel ist die Diskussion über großslowenische Vorstellungen. Bis zu einem gewissen Grad entsprechen sie den ehemaligen großdeutschen Vorstellungen, hinter denen aber eine weit stärkere vor allem politisch durchschlagskräftigere Macht stand. Eine vollständige Vereinigung aller slowenischsprachiger Regionen ist weder 1918/20 noch in den Jahren nach 1945 gelungen. Sicher will Slowenien heute nicht mehr in den Besitz Kärntner Gebiete kommen, doch mental wird Südkärnten nach wie vor als ein zumindest teilweise slowenisches Land gesehen. So sind in der „Enciklopedija Slovenije" (Enzyklopädie Sloweniens) ziemlich alle größeren Orte Kärntens und Personen, die von dort stammen oder dort wirkten (auch wenn sie keine ethnischen Slowenen waren/sind) enthalten.
Der „Atlas Slovenije" (Atlas Sloweniens) bezieht ziemlich großzügig Teile von Kärnten und Friaul ins Kartenbild ein. Teile, die man mit bestem Willen nicht als Grenzgebiete bezeichnen kann. Ein zweisprachiges Kartenblatt der rein deutschsprachigen Stadt Hermagor verwundert, erregen tut es die meisten Kärntner nicht. Aber bei nationalpolitisch empfindlichen beziehungsweise weniger gebildeten Personen ruft dies die so oft belächelte „Kärntner Urangst" hervor.
Diese Urangst hat sich festgekrallt und kann nicht und nicht abgeschüttelt werden. Am Stammtisch und in der politischen Debatte offenbaren sich diese, für Nicht-Kärntner schier unfassbaren Ängste genauso, wie bei den Veranstaltungen der Getreuen und in den Leserbriefen der Patrioten. Es ist die Angst vor dem Verlust, die verwundbar und unsicher macht und deswegen irrational wird.
Viele Österreicher, auch namhafte und angesehene, ärgern sich über die Vereinnahmung durch Deutschland, wenn Österreicher als „Deutsche" geführt werden. Es ist freilich schwer, einen Trennstrich zu ziehen, aber eine amtliche bundesdeutsche Karte, auf der außer Grenzregionen österreichisches Gebiet enthalten wäre, gibt es nicht. Zwettl gleichbehandelt wie Hermagor – der Aufschrei von österreichischen Patrioten wäre groß.
Wie laut der Aufschrei in Kärnten sein kann, zeigt sich am Fürstenstein. Das Kärntner Denkmal ziert die neue slowenische Zwei-Cent-Münze.

Dieses Design wird von vielen Kärntnern heftig kritisiert, da der Fürstenstein kein historisches Element der Republik Slowenien ist. Die slowenische Zwanzig-Cent-Münze zeigt übrigens zwei Lipizzaner, die auch von Österreich als Wahrzeichen beansprucht werden.
Der Fürstenstein spielte ab dem 7. Jahrhundert neben dem Herzogsstuhl als zweites wichtiges Rechtsdenkmal eine wichtige Rolle bei der karantanischen und später bei der Kärntner Herzogseinsetzung. Er besteht aus dem Basisteil einer römisch-ionischen Säule, auf deren Oberfläche im Mittelalter das Kärntner Wappen eingemeißelt wurde.
Der Stein befand sich bis 1862 in Privatbesitz, danach wurde er vom Geschichtsverein für Kärnten erworben (der als Ausstellungsort den Großen Wappensaal des Landhauses auserkoren hatte). Jetzt befindet er sich im Besitz des Landes Kärnten.
Der ursprüngliche Ort der Inthronisation der Kärntner Herzöge wird im Nahbereich der Pfarre Karnburg am Zollfeld vermutet. Die Zeremonie wies auf eine bäuerlich-demokratische Tradition hin, die auf Slowenisch abgehalten wurde.
Der slowenische Bezug zur Herzogseinsetzung ist heute noch im Ortsnamen Blasendorf, slowenisch Blaznja ves, erkennbar. Hier wohnte der „Herzogbauer“, der bei der Zeremonie eine bedeutende Rolle spielte. Man kann den Ortsnamen mit „Dorf des Blaz, des Richters, Verwalters oder Edlings“ übersetzen. Ein Hinweis auf die Verschränkung beider Sprachen in Kärnten seit Anbeginn.
2005 ließ die Jugendorganisation der Slowenischen Volkspartei in Slowenien 1410 Plakate mit deutschem Schriftzug affichieren: „Den Stein können sie haben, das Symbol das Slowenentums aber niemals.“ Freilich: Der Fürstenstein hat zwar viel mit den Kärntner Slowenen, aber wenig mit Slowenien zu tun. Er war das Herrschaftssymbol der slawischen Karantanen, das Fürstentum der Karantanen nahm aber mehr als 35 Prozent des heute österreichischen und nur etwa 10 bis 15 Prozent des heute slowenischen Staatsgebietes ein. Deshalb war Karantanien auch nicht der erste slowenische Staat, und deshalb kann auch der Fürstenstein kein Symbol altslowenischer Staatlichkeit, sondern nur der gemeinsamen Vergangenenheit in dieser Region sein.
Der Streit zeigt die schwierige Suche einer jungen Republik nach ihren Symbolen, und er zeigt, wie leicht nationale Gefühle in Europa nach wie vor verletzt werden können. Die Aufregung in Kärnten mag übertrieben erscheinen, allerdings: Wäre in Österreich oder Frankreich kein Aufschrei zu hören gewesen, wenn Deutschland Wolfgang Amadeus Mozart oder das Straßburger Münster auf ihre Euro-Münzen geprägt hätte?

Ein anderes heikles Problem ist das Verhältnis zwischen Wien und Kärnten. Die Bundeshauptstadt und ihre südlichste Provinz – das ist eine Beziehung voller historischer Probleme und Missverständnisse.
Während die slowenischen Kleinbauern Kärntens in der Monarchie als katholisch und kaisertreu galten, war die deutschsprachige Mehrheitsbevölkerung antiklerikal und anti-habsburgisch geprägt. Die harte Gegenreformation, die das protestantische Land erschüttert hatte, hat in den Kärntnern dauerhaften Oppositionsgeist geweckt. Mit dem Herrscherhaus wollte man fortan nicht viel zu schaffen haben.
Die Kärntner fühlen sich verkannt, ungerecht behandelt. Wie haben die Wiener auf die Abstimmung 1920, auf Kärntens wichtigstes Datum reagiert? Lässig! Hochnäsig! Cool! Als ob man Kärnten gar nicht haben wollte. Wenigstens ein bisschen hätte sich Österreich freuen können. Ein bisschen jubeln. Aber nein! Witze macht Wien! Kein Semmeringtunnel. Kein Koralmtunnel. Die Westautobahn heißt A1, die Südautobahn muss sich mit A2 begnügen. Nicht einmal das einzigartige „nach Kärnten"-Schild, das in den 70er Jahren am Stadtrand von Wien aufgestellt wurde kann darüber hinwegtrösten.
Die Wiener wiederum sehen in Kärnten die Heimat aller Ewiggestrigen. Verknöcherte Gestalten leben da im tiefen Süden. Nicht einmal ein paar Ortstafeln können die Kärntner aufstellen. Eigentlich würden sie ja eh lieber einen Freistaat gründen. „Deitsch", „deitsch" ist überall zu hören und dabei reden die Kärntner wie die schlimmsten Karawanken-Franzosen. Und außerdem ist ein kleiner Brauner am Wörther See ja viel zu teuer ...
Schluss! Aus! So geht das nicht weiter. Es ist höchste Zeit, etwas historische Klarheit in das komplizierte Verhältnis zu bringen: „Die Kärntner sind a bissl stolz, vielleicht sogar a bissl hochmütig", sagt Wilhelm Wadl. „Aber Fakt ist, Kärnten war schon da, als diese lächerliche Mark an der Donau noch gar nicht existierte."
Als „ostarrichi" 996 das erste Mal urkundlich erwähnt wurde, hatte Kärnten schon 300 Jahre Eigenstaatlichkeit hinter sich – gegründet als slawisches Fürstentum Karantanien im siebenten Jahrhundert nach Christus.
Kärnten sieht sich als jenes österreichische Bundesland mit der längsten staatsrechtlichen Tradition: Herzogtum seit 976 und somit älteste Ländereinheit auf dem Boden der heutigen Republik Österreich. Die historischen Grenzen Kärntens gingen weit über jene des heutigen Bundeslandes hinaus und schlossen zum Beispiel auch die Steiermark ein. Erst 1180 wurde die Steiermark ein selbständiges Herzogtum. 1335 wurde Kärnten habsburgisch und damit immer mehr von Wien aus regiert.

Mit der Last von Jahrhunderten beladen, sehen die Kärntner ihre geschichtliche Bedeutung bis heute zuwenig gewürdigt. Fühlen sich fremdbestimmt.
Auch nach dem Ersten Weltkrieg, im Abwehrkampf gegen den Aggressor aus dem Süden, so glauben viele, sei man von Wien im Stich gelassen worden. Stimmen tut das eigentlich nicht. „Das ist ein Mythos“, sagt der Historiker Wilhelm Wadl. Die schwache, ausgelaugte Republik konnte gar nicht helfen, wie man es sich auch in Wien gewünscht hätte. „In Wirklichkeit kam immerhin die Munition, mit der geschossen wurde, aus der Hirtenberger Patronenfabrik und die Arbeiter, die sie erzeugt und die Eisenbahner, die sie transportiert haben, wurden später mit dem Kärntner Kreuz ausgezeichnet. Selbst Wiener wurden zum Abwehrkampf noch Kärnten geschickt. Dass sie lieber im Lavanttal Most getrunken haben, als an der Front zu kämpfen, ist eine andere Geschichte.“
„Die Renner-Regierung in Wien durfte in der Zeit vor einem Friedensvertrag den Abwehrkampf gar nicht offiziell unterstützen, aber hinten herum is doch einiges gelaufen“, bekräftigt Professor Pohl.
In der Kärntner Bevölkerung war der Ärger über Wien trotzdem groß. Auch wenn dieses Gefühl, im Abwehrkampf im Stich gelassen worden zu sein, in dieser pauschalen Form keiner genauen Prüfung standhält, so verfestigte sich in Kärnten doch der subjektive Eindruck, die Landeseinheit allein und ohne Wien erreicht zu haben.
Der Wunsch nach Eigenständigkeit ging so weit, dass neben Befürwortern eines Anschlusses an Deutschland und neben slowenischen Aktivisten, die für eine zumindest teilweise Angliederung an einen südslawischen Staat eintraten, eine Gruppe von Bürgern nach dem Ersten Weltkrieg auch für die Errichtung einer selbständigen „Kärntner Republik“ warb:

„Kärnten den Kärntnern!

Nicht den Laibachern
Und nicht den Wienern,
Nicht den Serben
Und nicht den Berlinern!“

Innerhalb eines halben Monats wurden 25.000 Unterschriften gesammelt. Entmutigend für die Gruppe war die distanzierte Haltung des Landes und aus heutiger Sicht mag die Idee einer Kärntner Republik ohnehin kurios anmuten. In einer Zeit des Umbruchs und der Neuorien-

tierung erschien diese Vorstellung nicht so weit hergeholt, und sie sagt einiges über das Selbstverständnis der Kärntner.
Ernsthafte Unabhängigkeitsbestrebungen von politischer Seite gab es in Kärnten nie. „Kärnten ist nicht nationaler, die Menschen haben nur einen weniger verkrampften Zugang zum Deutschsein", sagt der aus Wien stammende Professor Heinz-Dieter Pohl. Oft sind es gerade die assimilierten Slowenen, die sich um vieles deutscher gebärden als die Deutschkärntner. „Kärnten passt nicht in das von Wien aus geprägte Österreichbild. Weder mentalitätsmäßig noch politisch."
Wien sieht sich als alte Hauptstadt eines Vielvölkerstaates und demnach als „Schmelztiegel", was bis zu einem gewissen Grad seine Berechtigung hat, aber so keinesfalls auf ganz Österreich übertragen werden kann. Während in anderen Bundesländern wie Salzburg oder Tirol das „Deutsch- oder Nicht-Deutschsein" kein Thema ist, erscheint es in Kärnten als wesentlicher Bestandteil der Identität. Denn Österreicher und Kärntner sind beide, Deutschkärntner wie Kärntner Slowenen. „Also kann man nur Deutsche oder Slowenen sagen um sich von der anderen Volksgruppe abzugrenzen oder sich selbst zu definieren", sagt Pohl. „In den Augen eines Wieners freilich kommt man schon in die Nähe des Rechtsextremismus wenn man sagt, dass man deutsch is. In Kärnten ist das normal. Alle Politiker reden so und schon in der Schule gibt es die deutschen und slowenischen oder zweisprachigen Kinder. Das hören natürlich manche nicht gern, aber das is eben so. Wenn das ein Wiener hört, dann reißt's ihn."
So wird den Deutschkärntnern in Wien ungebrochener „Deutschnationalismus" zugeschrieben und ihnen viel weniger Verständnis entgegengebracht als den Kärntner Slowenen, die als der schwächere Partner gesehen werden. Eine Gruppe, die besonders zu fördern und zu unterstützen ist. „Diese Sichtweise hat ihre Berechtigung, aber eben auch nur bis zu einem gewissen Grad. Österreich ist seit 1945 von einer scharfen Abgrenzung zum Deutschtum gekennzeichnet. In Kärnten ist das nicht möglich. Da ist man entweder deutsch oder slowenisch."

Bis heute gibt es durch das kollektive Erleben der nationalpolitischen Auseinandersetzungen eine große Empfindlichkeit der Kärntner. „Man sieht ja, welche Schwierigkeiten die Ortstafeln machen", analysiert Professor Pohl. „Es wird zwar akzeptiert, wenn man sagt, dass man in Kärnten keine klare Trennlinie zwischen den Volksgruppen ziehen kann, weil alle Kärntner sind und die Nationalität oft durch die Familie geht. In dem Moment aber, wo es um das Sichtbarmachen geht, ist es nur schwer durchzusetzen. Man darf nicht vergessen: In anderen Ländern, wie dem Burgenland, gab es nie solche Auseinandersetzungen, die ja bis auf die Teilung des Landes hinausgegangen sind." Die Kärntner erlebten im 20. Jahrhundert mehrere kollektive Traumata – und deren Missbrauch.

Als 1945 mehr als 1000 ausgesiedelte Kärntner Slowenen aus den nazistischen Konzentrations- und Arbeitslagern nach Kärnten zurückkehrten, halfen ihnen keine zweisprachigen Ortstafeln, ihre von zugesiedelten Deutschsprachigen übernommenen Häuser und Höfe zu finden. Dennoch waren sie voll Zuversicht, denn nach mehr als sieben Jahren durfte in den Kärntner Kirchen wieder Slowenisch gebetet werden. In Südkärnten wurde auch zweisprachiger Schulunterricht in über 60 Gemeinden eingerichtet. Über Ortstafeln wurde 1945 jedoch kaum gesprochen.
Mit dem Staatsvertrag erhielt Österreich wieder die Freiheit, es übernahm aber auch einige Verpflichtungen.
Während alle Bestimmungen penibel eingehalten und auch der letzte Liter Erdöl an die Sowjetunion geliefert und auch das „Russendenkmal" am Schwarzenbergplatz schnell errichtet wurde, gab es bei den Ortstafeln überhaupt keinen Fortschritt. Dieser Nichterfüllung des österreichischen Staatsvertrages war sich auch Bundeskanzler Kreisky bewusst, der 1972 in einem überfallsartigen Schritt gemeinsam mit Landeshauptmann Sima versucht hat, mit der Aufstellung von 205 Ortstafeln den Staatsvertrag zu erfüllen.
Nach dem Ortstafelsturm versuchte es Bruno Kreisky 1976 nochmals, aber statt zweisprachiger Tafeln in 205 Ortschaften waren nur mehr Tafeln für 91 Dörfer vorgesehen, und noch nicht einmal diese wurden alle aufgestellt. Seit damals wurde das Problem nicht gelöst. Von keinem Politiker, von keiner Partei.
Das mag den berüchtigten Rechtsanwalt Rudi Vouk, der etwa so alt ist, wie der Staatsvertrag, bewogen haben, als ideologischer Raser mit einer Verwaltungsübertretung Gerechtigkeit beim Verfassungsgerichtshof zu suchen. Als Tempobolzer und somit Gesetzesübertreter wollte er auf die Einhaltung eines Gesetzes aufmerksam machen.
Landeshauptmann Jörg Haider wiederum hat ein Sensorium, wenn es um Stimmungen im Volke geht. Das mag ihn dazu bewogen haben, so lang wie möglich Widerstand zu leisten.

Dass da einer einfach durch die Orte rast; dass da Kärnten aus Wien etwas aufoktroyiert werden soll; dass da ein geschlossenes slowenisches Siedlungsgebiet geschaffen werden könnte; dass das Klima in den Dörfern von außen vergiftet wird; dass man bei all dem Wirbel um kleine Tafeln die großen Probleme vergisst, all das verstört so manchen Kärntner. Und manch einer verwechselt Starrsinn mit Heimatverbundenheit. Südkärnten war im 20. Jahrhundert umkämpftes Gebiet, das lässt sich auch mit dem Hinweis auf Verjährung nicht einfach wegwischen. Menschen lassen sich nicht austauschen, nur überzeugen.

Doch was nun? Vor allem muss das Ortstafelproblem einmal versachlicht werden. Egal, wie viele Tafeln im Laufe der Zeit tatsächlich noch aufgestellt werden, ohne ein geduldiges, wenn auch langwieriges Aufklärungs- und Versöhnungsgespräch in den betroffenen Gemeinden wird es nicht gehen.

So klein die weißen Tafeln mit dem blauen Rand auch sein mögen und wie unbeachtet sie meist auch in der Landschaft stehen mögen, haben sie doch eine gewaltige Auswirkung auf die psychokulturelle Situation der Menschen.

Die gegenwärtige Krise ist auch eine enorme Gelegenheit, in Kärnten endlich das Verständnis für die jeweils andere Seite zu stärken und einen Jahrhundertfrieden herbeizuführen. Außerdem funktioniert dieser Friede ja großteils bereits: in den Kindergärten, in den Volksschulklassen, in der Kirche, und in den Gemeindestuben.

Kärnten hat die Chance, für das Ortstafelproblem doch noch eine Lösung zu finden. Mit etwas Kompromissbereitschaft und Entgegenkommen von beiden Seiten.

Die Akzeptanz der gesamten Kärntner Vergangenheit sollte dabei oberste Richtschnur sein. Da helfen keine juristischen Spitzfindigkeiten und nationalistischen Zurufe. Da hilft nur ein politisch tragfähiger Kompromiss, das heißt eine Lösung, die von breiten Teilen der Bevölkerung in den zweisprachigen Gemeinden Unterkärntens mitgetragen wird. Sowohl die Mehrheit als auch die Minderheit muss mit dem Ergebnis leben können.

Um eine Ortstafel zu beschmieren oder aus der Verankerung zu reißen bedarf es nicht großer Menschenmassen. Je mehr Menschen jedoch eine ausgewogene Lösung unterstützen, desto geringer wird die Gefahr neuerlicher Provokationen.

Nach der Umsetzung eines tragfähigen Kompromisses und einer seit 1920 überfälligen großen politischen Aussöhnung könnte das gemeinsame Kärnten in eine Friedensperiode eintreten und Funktionäre wie Politiker in die Geschichte.

POLITIK UND ER

Er will nicht gehen. Jedenfalls nicht so schnell.
Jörg Haider sitzt in einem schwarzen Sessel in seinem Büro im ersten Stock der Kärntner Landesregierung. Er lehnt sich zurück und schlägt die Beine übereinander, er tut etwas, was er früher eigentlich nie getan hat: Er nimmt sich Zeit.
Keine Stunde ist es her, da haben die Sozialdemokraten seinen Rücktritt gefordert. Wieder einmal. Geht es diesmal um Ortstafeln, Finanzspekulationen bei der landeseigenen Hypo-Bank oder irgendeine unbedachte Äußerung? „Keine Ohnung." Es wäre nicht Jörg Haider, wenn er sich ernsthaft mit dem Thema Abdankung auseinandersetzen würde.
Seit 1999 führt er nun zum zweiten Mal das Leben als Landeshauptmann, wo „man um 10 Uhr von einer Marketenderin den ersten Schnaps angeboten bekommt und sieht, wie sich Popstars das ganze Leben fühlen müssen", wie es ÖVP-Vorgänger Christof Zernatto einmal beschrieb.
Niemand prägte und prägt das Image Kärntens so wie Jörg Haider. „Ich bin als Werbeträger für Kärnten überall auf der Welt eigentlich unbezahlbar", scherzt er, zwinkert und nippt an einem Espresso. „Kärnten und Haider des is ans."
Er ist Jahrgang 1950. Keiner weiß, wie das Politikerleben dieses Jörg Haider einmal enden wird.
Bei der letzten Wahl, zu der er persönlich angetreten ist, schaffte er 42,4 % der Stimmen. So viel wie kein anderer blau-oranger Politiker jemals zuvor, und das nach dem Crash von Knittelfeld.
Keiner hat so einen rasanten Aufstieg hinter sich und keiner ist auch so tief gefallen wie er, der Mann, der doch alles schon einmal war, aber eben immer nur fast: Fast-Kanzler, Fast-Vizekanzler, Fast-Minister. In Wien gilt er als ergrautes Polit-Talent, das einst die Republik vor sich hergetrieben hat, und dem jetzt nur noch eine Kleinpartei und ein kleines Bundesland geblieben sind.
In Kärnten gibt er den Ton an. Österreichweit listet ihn der „Vertrauensindex" des Nachrichtenmagazins „profil" als einen der unbeliebtesten Spitzenpolitiker Österreichs. Irgendwo in der Nähe von Heinz-Christian Strache. Ausgerechnet Strache.
Man würde gern wissen, wie er damit umgeht.

„Die Kärntner hom sich schon früh ein Bild von mir gmocht. Und des is sehr stabil. Des losst sich a durch Medien oder den politischen Gegner net verändern. Die Kärntner kennen mi. Solong i nix moch, wos des

Bild, des die Kärntner von mir hom, enttäusch, bin i praktisch unangreifbor."
Haider lässt seinen Blick streifen. Durch das Fenster. Hinaus auf den Arnulfplatz. Die Sonne scheint.
Kärnten ist das politische Kraftfeld Jörg Haiders. Immer noch. Hier besitzt er das Bärental, eine Liegenschaft, die ihm sein Großonkel Wilhelm Webhofer vererbte. Hier leben Freunde, treue Weggefährten, die so wie er scheinbar problemlos die Farbe von Blau auf Orange gewechselt haben. Hier wird er bewundert, verehrt, vielleicht auch gefürchtet. Aus dem Kärntner Wahlheimatboden schöpft er seine Kraft.

Seit Faschingsdienstag 2006 regiert Haider in Kärnten ohne Mehrheit. An diesem Tag hat die Kärntner SPÖ-Chefin Gaby Schaunig-Kandut das von ihrem Vorgänger Peter Ambrozy getroffene Koalitionsübereinkommen mit dem Landeshauptmann aufgekündigt.
So wie die Koalition zustande kam, ist sie auch gescheitert. Auf läppische Art und Weise, ohne politische Auseinandersetzung. Haider hatte an diesem Dienstag in der Landesregierung das so genannte Babygeld mit den Stimmen der ÖVP beschlossen, Schaunig war mit ihrem eigenen Babygeld-Antrag übrig geblieben.
Die rote Soziallandesrätin war von Anfang an gegen die Mesalliance zum roten Machterhalt gewesen, hatte aber dann doch ihre Unterschrift unter den Pakt gesetzt und wartete nach ihrer Wahl zur SPÖ-Chefin im Herbst 2005 auf eine Gelegenheit zum Absprung. Ob Anlass und Zeitpunkt klug waren, ist eine andere Frage. Schaunig, Jahrgang 1965, ist jung und ehrgeizig.
Sie und Haider konnten nie miteinander. Die rote Gaby ist wohl eine der wenigen Kärntner, mit denen der Landeshauptmann nicht per du ist. Mittlerweile hat man einander auch nichts mehr zu sagen, und das umso unmissverständlicher.
Außenstehende durchblicken den Wirbel kaum. Sie haben ja schon den Beginn der Chianti-Koalition wenige Tage nach der Wahl 2004 nicht durchschaut. Knapp fünfzig Prozent der Wiener stimmten zuletzt für die SPÖ und konnten unmöglich einsehen, dass deren Schwesterpartei mit Haider einen Pakt geschlossen hatte, den sie noch dazu mit italienischem Rotwein besiegelte. Fairerweise muss man sagen, dass es zwei Flaschen für etwa zehn Personen waren, und sogar der große Vorsitzende, Alfred Gusenbauer, mit dem Gottseibeiuns der Roten einmal Spargel essen war.

Doch für einen Wiener erschließt sich daraus noch nicht, warum die Kärntner Sozialdemokraten mit den offensichtlich sehr nüchternen Freiheitlichen mittels herzlichem „Freundschaft!" anstoßen mussten.

Haider sitzt bequem. Er grinst. Verschmitzt. So wie man es kennt, wenn er sich sicher fühlt.
Ohne die Zustimmung des orangen Landtagsklubs kann es vor 2009 weder Neuwahlen, noch einen neuen Landeshauptmann geben. So will es die Kärntner Landesverfassung.
Jörg Haider ist dennoch im Wahlkampf. Er kämpft um seinen Ruf, um sein Image als ewiger Sieger, um seinen Einfluss auf die Bundespolitik.
Er kämpft um sein Kärnten.

Es sind die Kategorien, die sein ganzes Politikerleben zusammengehalten haben: Angriff, Kampf, Fleiß, Gespür für die Menschen.
Immer öfter verlässt der noch immer sportlich wirkende Mann jetzt das Amt der Kärntner Landesregierung und unternimmt ruhelose Streifzüge durch das Land. Er inspiziert alles und jedes. Besucht Betriebe, Wirtshäuser und Ortstafeln. Schüttelt Hände. Viele Hände. So wie ganz am Anfang.
Auf seinen Fahrten liest er Akten. Aber die Akten geben ihm kein klares Bild. In ihnen steht, dass Kärnten nach wie vor zu kämpfen hat. Mit hoher Arbeitslosigkeit, schwacher Kaufkraft, Abwanderung. Aber es wurden auch neue Projekte und zukunftsträchtige Ideen auf den Weg gebracht: Hightech-Schmieden wie der Lakeside-Park bei Klagenfurt zum Beispiel. Zwischen 1998 und 2004 verbesserte sich die Kaufkraft in Kärnten um 10,3 Prozent. In Wien waren es laut einer Studie der Gesellschaft für Markt- und Absatzforschung nur 2,1 Prozent, in Tirol hingegen 20,1 Prozent.
„Kärnten wor immer ein ormes Lond", sagt Haider. „I will es zu einem modernen mochn", verspricht Haider.
Mit Hilfe des Landes-Sparschweins Hypo Alpe-Adria-Bank versucht Haider eine Geldspur durch das Land zu ziehen. Hypo-Geld ermöglicht in Kärnten so manche Spatenstecherei.
Haider hat aber auch die Anteile des Landes an der Bank schon vor dem geplanten Börsegang zu Geld gemacht. Der erhoffte Verkaufserlös wurde in einen 500 Millionen Euro schweren Zukunftsfonds eingebracht. Damit kann Haider Projekte finanzieren, für die er im Landesbudget kein Geld hat. Von Sportanlagen bis zu Breitbandnetzen.

Dass die Bank durch Spekulationsverluste ins Gerede gekommen ist, tut freilich nicht gut.

Aber Haider gibt sein Bestes, unerbittlich rennt er den Leuten hinterher. Er will ihnen beweisen, dass er ein guter Regierungschef ist. Dass er nicht nur Populist, sondern auch Staatsmann, Landesvater sein kann. Nicht von allen gefürchtet, sondern von allen geliebt. Das wäre doch schön.
Dass der blaue Schal verschwunden ist und stattdessen seit 2005 Orangen verteilt werden, verwirrt auch die Kärntner. Aber die Funktionäre sind großteils die Alten geblieben und Freiheitliche nennen sie sich auch noch. Ob FPÖ oder BZÖ scheint der Kärntner Basis egal: Hauptsache Junker Jörg bleibt. Und mit ihm Macht und Einfluss.

Österreichweit mag sein Zauber verblasst sein, in Kärnten bewegt sich der gebürtige Oberösterreicher noch immer geschickt zwischen den Parallelwelten. Liefert eine Show in wechselnden Kostümen.
Haider teilt aus. Er wettert über politische Gegner, über ehemalige Parteifreunde, über Höchstrichter.
Haider hat gelernt, dass man als Chef einer Kleinpartei provozieren muss um aufzufallen. Dass man anders, dass man härter formulieren muss, um wahrgenommen zu werden. Die Medien haben stets mitgespielt. Sie tun es immer noch.
Der Landeshauptmann begibt sich auf die politische Bühne und sucht auf spektakuläre Weise öffentliche Aufmerksamkeit zu erreichen. Wenn andere einen Stein in den Teich werfen, um Wellen zu schlagen, wirft er einen Felsbrocken.
Jörg Haider, sagen tiefenpsychologisch geschulte Experten, ist ein Mensch, der zu seinem seelischen Wohlbefinden den Erfolg braucht, die Anerkennung, die Zustimmung und den Jubel der Massen, die Aufmerksamkeit der Öffentlichkeit. Letztere servieren ihm die Massenmedien, die nach Schlagzeilen und nach hohen Auflagezahlen gieren, bereitwillig auf dem Fließband.

Doch Haider teilt nicht nur aus – er muss auch einstecken. Was wurde ihm nicht schon alles unterstellt: Paranoia, manisch-depressive Störungen, autoritärer Charakter, aggressiver Narzissmus.
Haider wurde zunehmend zu einem ständig politisch Gehetzten und Gejagten. Es wurde geradezu zur Manie seiner politischen Gegner, ihm zuallererst alles Schlechte anzudichten. Was Haider immer auch an Gutem machte, man höhnte ihn und kritisierte ihn dafür. Von da her

rühren wohl auch viele seiner ungewöhnlichen emotionalen Ausbrüche.
Im persönlichen Umgang ist er freundlich, herzlich, einnehmend. Haider ist ein hochintelligenter, hoch begabter Politiker, ein Mann mit Charisma, der die Menschen in seinen Bann schlägt, ein Populist, der mit seismographischem Spürsinn und Instinkt jede (Volks)- Stimmung wittert und sie für sich (und seine Partei) nutzt und ausnützt. Das hat ihn groß gemacht, es macht ihn aber auch unberechenbar und absturzgefährdet. Denn ein Politiker wie er trifft je nach der vorherrschenden Stimmungslage seine Entscheidungen, ändert seine Ab- und Ansichten.
Jörg Haider tummelt sich seit 1986 mit Intervallen, in denen er nicht präsent ist oder nicht da sein will, in der österreichische Innenpolitik. Er hat im Kampf gegen das Establishment verkrustete politische und gesellschaftliche Strukturen aufgebrochen und teilweise verändert, er hat vernünftige und unvernünftige Denkanstöße in die politische Diskussion geworfen. An Ideen fehlt es ihm nicht, sein Kopf ist übervoll davon. Er ist ein Anreger, ein Initiator, aber auch ein Aufreger, ein Provokateur. Er sucht den Konflikt, meinen die einen, er meidet ihn die anderen.

Am Hemmaweg 5 in Gurk gibt es ein kleines Notariat. Hier hätte er eigentlich landen sollen, der junge Jurist Jörg Haider.
„Ich hab mich wegen der kärntnerisch-tiroler Wurzeln meiner Mutter immer schon als Kärntner gefühlt. Für mi war schon früh klar, dass i noch dem Studium noch Kärnten geh. Ich wollt in der Notariatskanzlei in Gurk anfangen. Mitn Notar worma uns schon einig. Es war alles geregelt. Aber dann hab ich mir gedacht, des Geschäft des Notars is mir vielleicht doch zu fad und so bin i lieber in die Politik gegangen."
1983 wurde er Landesparteiobmann, drei Jahre später erbte er das Bärental und erklomm auch den Sessel des Bundesparteiobmannes.
Der Einwanderer aus Bad Goisern wirkte bald so, als wäre er schon im Kärntner Anzug geboren worden. Haider surfte auf der nationalen Welle und bekämpfte gleichzeitig die Zustände im Land. Er prangerte Verbände und Institutionen, Proporz und Privilegien, die Nutznießer und deren Gehälter an.
In Kärnten fand Haider treue Freunde, kurzfristige Wegbegleiter, nationale Steigbügelhalter, von denen eine tatsächlich Kriemhild hieß.
In Kärnten fand er aber auch seine politische Vaterfigur.
Was er für eine gestaltende Politik und für sein Gesellschafts- und Kulturverständnis brauchte, das sah er aus konkreter Anschauung geradezu herausfordernd in SPÖ-Chef Leopold Wagner.

Wagner hatte am 19. April 1974 Hans Sima als Landeshauptmann abgelöst. Der aus dem heute italienischen Kanaltal stammende Sima hatte das Land seit 1965 regiert und in dieser Zeit den Dialog mit den Kärntner Slowenen gesucht, scheiterte jedoch am Ortstafelsturm und dessen Folgen.
Wagner steuerte einen anderen Kurs. Der frühere Hauptschullehrer gab vor Journalisten zu Protokoll: „Ich war ein hochgradiger Hitlerjunge", und „ich bin ein echter Kärntner, ich spreche kein Wort Slowenisch."

Sozial- und Christdemokraten waren im Land an der Drau schon immer nationaler, heimat- und volksbewusster als anderswo. Wie Punschkrapfen seien die Kärntner: „Außen rot, innen braun und immer bsoffen." Selbst hohe Sozialdemokraten im fernen Wien verwendeten den alten Kalauer, um so manchen Genossen in Kärnten zu beschreiben.
Bereits 1921 war die Kärntner SPÖ zur stärksten Partei geworden. Auch beim ersten Urnengang nach 1945 schaffte die SPÖ mit 48,8 % Platz eins – erst 1999 sollte sie durch Jörg Haider erstmals auf Platz zwei verwiesen werden.

Unter Wagners Führung erreichte die SPÖ bei den Landtagswahlen 1975, 1979 und 1984 durchgängig Wahlergebnisse mit über 50 Prozent Stimmenanteil (darunter mit 53,6 % 1979 ein Rekordergebnis) und einen großen Mitgliederzuwachs.
Wagner traf das Lebensgefühl der Kärntner. In Kärnten fühlt sich nicht nur die Minderheit von der Mehrheit bedroht, sondern auch die Mehrheit von der Minderheit. Eine Ausnahmesituation in der Geschichte von Bedrohungsszenarien, ein Kärntner Spezifikum. Psychologe Klaus Ottomeyer: „Die Politik spielte nach dem Krieg ein böses Spiel mit den traumatischen Erinnerungen der Kärntner."
Nirgendwo ist mit dem Schüren von Vorurteilen, mit dem Wecken niederer Instinkte leichter politisches Kleingeld zu machen als auf dem Gebiet der menschlichen Angst. Die Minderheit wird zum übermächtigen Angstfaktor, wenn die politischen Führer mit Emotionen spielen und durch Agitation die Blut und Boden Mentalität noch aufstacheln und so die Kalmierung oder gar die Lösung der Probleme verhindern.
Die Kärntner Traditionsverbände haben seit jeher großen Einfluss auf die Politik. Sie sind nach 1920 bzw. nach dem Zweiten Weltkrieg rund um die Thematik des Kärntner Abwehrkampfes, der Volksabstimmung vom 10. Oktober und dem politischen Konflikt mit den Kärntner Slowenen entstanden.

Zu ihnen zählt man vor allem den Kärntner Heimatdienst und den Kärntner Abwehrkämpferbund.
Der Heimatdienst verweist auf 25.000 Mitglieder. Die Sympathisanten kommen aus allen politischen Gruppierungen im Land, Sozialdemokraten und Christdemokraten ebenso wie Freiheitliche.
Einige Forderungen: „Kärnten und Österreich zuerst! Das Wohl des eigenen Volkes hat Vorrang! Für Frieden und Verständigung ohne nationale Selbstaufgabe! Wir brauchen wieder nationale Selbstachtung! Bald 60 Jahre nach Kriegsende, nach vielmilliardenfacher Sühneleistung der Österreicher für NS-Verbrechen, ohne Rücksicht auf persönliche Schuld, ist es an der Zeit, späte Gerechtigkeit für die Millionen schuldlosen volksdeutschen Altösterreicher zu fordern, die nach Kriegsende Opfer der größten ethnischen Säuberung der Geschichte geworden sind. Eine perverse Schuldkultur muß wieder von nationaler Selbstachtung und nationalem Selbstbewußtsein abgelöst werden. Der KHD tritt engagiert gegen jegliche Gefährdung der kulturellen und sozialen Interessen der Kärntner im Kärntner Grenzland auf, insbesondere gegen die Einbindung Kärntens in eine EUREGIO mit Slowenien und Friaul. Zusammenarbeit JA – Zusammenschluss NEIN! KHD respektiert Rechte der Kärntner Slowenen. Jedoch gegen Privilegien. Eine Privilegierung der mit 12.000 Personen nur 2,4 % der Kärntner Gesamtbevölkerung umfassenden slowenischen Minderheit zu Lasten der deutschsprachigen Mehrheitsbevölkerung lehnt der KHD entschieden ab.“[10]
Mit seiner Zustimmung zum Kompromisspapier des Historikers Stefan Karner im Frühjahr 2005 (zweisprachige Ortstafeln in insgesamt 158 Dörfern) und zum Verfassungsentwurf der Bundesregierung im Sommer 2006 (zweisprachige Tafeln in 141 Dörfern) hat der KHD unter Obmann Josef Feldner überrascht.
Doch der Weg zur wundersamen Wandlung des Josef Feldner war weit gewesen – und wäre wohl auch nicht gelungen, hätte da nicht immer die angeborene Kämpfernatur Oberhand gewonnen. Geboren 1939 in Villach als Kind eines sozialdemokratisch gesinnten Eisenbahners, musste der Fünfjährige im alliierten Bombenhagel um sein Leben laufen. Auch die Nachkriegsnot hatte die Familie heil überstanden. Doch wie eine offene Wunde blieb die Erinnerung an die Tante und Lieblingsschwester der Mutter, die gleich nach Kriegsende von den Partisanen verschleppt und ermordet wurde. Die „Heimat“ zu verteidigen wurde fortan zur Triebfeder allen Tuns – oft genug mit den Mitteln wilder Demogagie, gegen die selbst Bruno Kreisky aufgeben musste. Der im zweiten Bil-

[10] www.khd.at

dungsweg promovierte Jurist Feldner wurde 1972 Obmann des Heimatdienstes, just zwei Wochen bevor der Ortstafelsturm losbrach. Seinen größten Kampf hat er jedoch in den letzten Jahren gegen sich selbst gefochten: Er hat seine eigene Vergangenheit überwunden und die Verständigung mit der slowenischen Volksgruppe gesucht. Der Heimatdienst folgte, fast ohne zu murren. Während Feldner seither selbst von slowenischen Funktionären Wertschätzung entgegengebracht wird, ist ein alter Verbündeter verstimmt.

Der Kärntner Abwehrkämpferbund (KAB) fährt weiter eine harte Linie, ist gegen jede zusätzliche zweisprachige Ortstafel. Auch beim KAB findet man Mitglieder aller Couleurs. 10.000 sind es nach eigenen Angaben insgesamt, ein Drittel angeblich unter 30 Jahre alt.

Der 1955 gegründete KAB steht unter anderem für das Gedenken an den Abwehrkampf „als heldenhaften historischen Schritt zur Kärntner Freiheit und Einheit“, für das Gedenken an die Kärntner Volksabstimmung „als ersten demokratischen Akt der Selbstbestimmung eines Volkes in Europa“, gegen eine Benachteiligung der „nicht zum zweisprachigen Unterricht angemeldeten Kinder durch das einseitige österreichische Minderheitenschulgesetz“, gegen eine Benachteiligung der „deutschsprachigen Bevölkerung in der Kirche (wie bei Gottesdiensten, Trauungen, Begräbnissen usw.)“ und gegen ein Akzeptieren von „Forderungen der Volksgruppe, die über den Artikel 7 des Staatsvertrages hinausgehen“.[11]

Mitglieder des KAB konnten in den Anfangsjahren nur aktive Abwehrkämpfer sein. In weiterer Folge durften auch Personen Mitglieder des KAB werden, die sich zu den Zielsetzungen des Traditionsvereines bekannten. Heute gibt es mehr als 50 Ortsgruppen, aber keinen lebenden Abwehrkämpfer mehr. Der langjährige FPÖ-Funktionär Fritz Schretter ist seit 2000 Vorsitzender.

Das Agitations- und Mobilisierungspotenzial der Traditionsverbände darf man bis heute nicht unterschätzen. „Weil die Politik diese Verbände ungeheuer ernst nimmt, hom sie auch reale Macht“, sagt der ehemalige ÖVP-Landeshauptmann Christof Zernatto. „Die Parteien versuchen die Gruppen a als Aufmarschgebiete und Vorfeldorganisationen zu missbrauchen. Dos sind jo echte Kämpfe. Der Abwehrkämpferbund zum Beispiel, wor immer eine schworze Veronstoltung. Des wor in schworzer Hond. Und des hom uns genau in meiner Zeit die Freiheitlichen weggenommen. Weil sie ideologisch einfoch besser zum Thema dazuagepasst hom.“

[11] www.kab.or.at

Von der kleinsten Gemeindefeier bis zum offiziellen Landesfestakt: In Kärnten gibt es keine relevante Veranstaltung, bei der nicht Abordnungen der Verbände dabei sind. „Kärnten kommt ohne die Staffage net aus. Wurst, ob eine neue Volksschule eingweiht wird oder ob wieder irgendein sinnloses Denkmol der Öffentlichkeit präsentiert wird, do sind da Heimatdienst, da Abwehrkämpferbund, da Kameradschaftsbund und die Feuerwehr mit ‚habt acht' und ‚rechts schaut' dabei. Dos is Standard", sagt Zernatto.
Alle politisch relevanten Gruppen in Kärnten haben in der Zweiten Republik versucht, das Wählerpotenzial der Heimatverbände für sich zu nutzen, zumal es sich vorwiegend um ältere Menschen mit überdurchschnittlicher Wahlbeteiligung handelt. Lange Zeit ist das der SPÖ am besten gelungen.

Bei der zahlenmäßig kleinen slowenischen Volksgruppe ist hingegen stimmenmäßig wenig zu holen. Ihr Einfluss ist daher gering. Zusätzlich kämpft die Minderheit seit jeher mit dem Problem der Spaltung in zwei Gruppen, die sich nur selten auf einen gemeinsamen Weg einigen können. War es nach dem Zweiten Weltkrieg vor allem der linke Zentralverband slowenischer Organisationen, der in Kärnten eine kompromisslose Haltung in Minderheitenfragen verfolgte und sich stark an Laibach orientierte, gilt Ähnliches heute für den katholisch-konservativen Rat der Kärntner Slowenen.
Der Zentralverband „Zveza slovenskih organizacij" (ZSO) wurde 1955 als Nachfolgeorganisation der „Demokratischen Front des werktätigen Volkes" gegründet. Im ZSO sind Mitgliedsorganisationen und individuelle Mitglieder organisiert. Seit 1992 fungiert der Historiker Marjan Sturm als Obmann. 1951 in eine slowenische Familie geboren, die unter den Nazis schlimmster Verfolgung ausgesetzt war, wurde der junge Marjan zur Zeit des Ortstafelsturms politisch sozialisiert. Als junger Student gehörte er zu jenen, die auf die Demolierung der Ortstafeln mit Schmieraktionen reagierten. Möglich, dass die eine oder andere Rauferei zum damals gepflegten Ton der Auseinandersetzung gehörte, jedenfalls hatte der „rote Marjan" schnell den Ruf eines Rabauken. Das änderte sich mit den Jahren, und Sturm betrieb nach der Öffnung des streng linksdogmatischen Zentralverbandes immer intensiver den Ausgleich. Im Ortstafelstreit hatte er die von der Regierung vorgeschlagenen zweisprachigen Ortstafeln in 141 Orten akzeptiert. Doch ein Vetorecht des Landes Kärnten und der betroffenen Gemeinden bei der so genannten Öffnungsklausel konnte er nicht mehr mittragen.

Der Rat „Narodni svet koroških Slovencev“ (NSKS) war bisher gegen jeden vorgelegten Kompromissvorschlag in der Ortstafelfrage. Während dem Kärntner Abwehrkämpferbund jede weitere zweisprachige Ortstafel ein Dorn im Auge ist, versucht der Rat der Kärntner Slowenen so viele Tafeln wie möglich zu erreichen – die zwei Extrempositionen. Der Rat wurde 1949 als Sammelbecken der christlichen Bevölkerungsmehrheit unter den Kärntner Slowenen gegründet. Gründungsobmann Joško Tischler war im Jahr 1945 Mitglied der provisorischen Kärntner Landesregierung gewesen. Er hatte eine Verordnung zum obligatorischen zweisprachigen Unterricht für alle Südkärntner durchgesetzt. Nach den Landtagswahlen im November 1945 musste Tischler die Landesregierung verlassen. Die Schulverordnung wurde nach heftigen Protesten an den Schulen 1958 von SPÖ-Landeshauptmann Ferdinand Wedenig wieder außer Kraft gesetzt.

Zum Rat der Kärntner Slowenen gehört auch der Rechtsanwalt Rudolf Vouk (zu Deutsch „Wolf“), der den Konflikt um doppelsprachige Ortstafeln vor den Verfassungsgerichtshof gebracht hat und auch sonst streitbar ist: Einmal klagte er gegen seine in Deutsch ausgestellte Heiratsurkunde, ein anderes Mal gegen den Kanalanschlussbescheid, dann wieder gegen den Schrieb, der ihn wegen seiner neuen Hausnummer benachrichtigte.

Obmann des Rates ist derzeit Matevž Grilc. Einer seiner Vorgänger, Bernard Sadovnik schied 2003 im Unfrieden und gründete mit der Gemeinschaft der Kärntner Slowenen „Skupnost koroških Slovencev“ (SKS) eine weitere Organisation zur Vertretung der Minderheit.

Darüber hinaus gibt es auch noch die slowenische Einheitsliste „Enotna Lista“ (EL). Sie sieht sich als Einheitspartei der Kärntner Slowenen. Die EL ging 1991 aus dem Klub slowenischer Gemeinderäte hervor, der 1973 durch den Zusammenschluss verschiedener slowenischer Gemeinderatsfraktionen entstand. Seit 1950 kandidieren slowenische Listen regelmäßig auf Gemeindeebene. Die Zahl der Gemeinderatsmitglieder, die von der Einheitsliste gestellt werden, beträgt derzeit 52. Die EL stellt in den Gemeinden Globasnitz und Zell Vizebürgermeister und in der Stadtgemeinde Bleiburg einen Stadtrat.

Da der Anteil der Kärntner Slowenen unter der Grundmandatshürde für den Kärntner Landtag liegt, schaffte die Einheitsliste den Einzug nie. Der Wunsch nach einer Änderung der Kärntner Landesverfassung blieb bisher unerfüllt. Durch eine Kooperation mit den Grünen bzw. dem Liberalen Forum stellte die EL von 1986 bis 1990 und von 1998 bis 1999 mit Karel Smolle einen Abgeordneten zum Nationalrat.

Derzeitiger Vorsitzender der EL ist Vladimir Smrtnik, ehemals Protokollschef von Landeshauptmann Haider. Ja, auch so etwas ist in Kärnten möglich.

Im Kärntner Grenzlandklima wuchsen die deutsch-nationalen Wurzeln stärker als im Rest Österreichs. Schon in der Monarchie wurde das dritte Lager im Süden vor allem vom mächtigen Kärntner Bauernbund bedient, aus dem in der Ersten Republik der Landbund sowie in der Zweiten Republik der Verband der Unabhängigen (VdU) und später die FPÖ hervorging.
So stand bereits zu Beginn der Ersten Republik ein Deutsch-Freiheitlicher an der Spitze Kärntens: Der St. Veiter Arthur Lemisch regierte von 1918 bis 1921 als Landesverweser und von 1927 bis 1931 als Landeshauptmann. Mit den beiden Landbund-Politikern Vinzenz Schumy und Ferdinand Kernmaier stellte das nationale Lager zwei weitere Landeshauptleute der Ersten Republik.
1949 durfte zum ersten Mal der VdU antreten und schaffte bei der Kärntner Landtagswahl auf Anhieb 20,5 %. Österreichweit kam er bei der Nationalratswahl am selben Tag lediglich auf elf Prozent.
Auch in bundespolitisch schlechten Zeiten lagen die Freiheitlichen in Kärnten stets zwischen elf und 16 Prozent. Das miserabelste Landtagswahlergebnis fuhr Mario Ferrari-Brunnenfeld 1979 ein: 11,7 %.
Doch bereits bei der nachfolgenden Landtagswahl 1984 ging es unerwartet bergauf: Die Blauen legten um vier Prozentpunkte zu. Der neue, damals noch recht bubihaft wirkende Landesparteiobmann hatte eine erste Talentprobe abgelegt. Der Boden dafür war von der „absoluten" Politik der SPÖ mit ihrer Parteibuchwillkür aufbereitet worden. Jörg Haiders Siegeszug begann.
Von versulzten, verfilzten und faulen „Altparteien" nur mäßig gehindert, sammelte er Stimmen. Nicht nur bei Gestrigen, beim Altbürgertum, bei Fun-Yuppies, bei Gewohnheitsprotestlern, nein, auch am von den Sozialdemokraten und Christlichsozialen freigegebenen Rand der tatsächlich Unterprivilegierten, Zukurzgekommenen, Vergessenen.
„Von Leopold Wagner hob ich viel gelernt", sagt Haider heute. „Wir sind ideologisch net so weit auseinander. I moch heute in Kärnten sozialdemokratische Politik. Und auch in der Abgrenzung zu Wien, wor er ähnlich klor wie i."
„Leopold Wagner hat ihn sicher zuwenig ernst genommen", kritisiert der frühere SPÖ-Landesparteichef und Gesundheitsminister Michael Ausserwinkler. „Wagner hat a bissl mit ihm kokettiert. Im Verhältnis zur Minderheit is aber sicher eine Ähnlichkeit im Agieren vorhanden."

„Früher oder später“, prophezeite der Kärntner Schriftsteller Peter Turrini 1987, „werden die Großparteien an Jörg Haider Maß nehmen, sie werden die Ähnlichkeit und damit die Ehefähigkeit entdecken.“
Flotte Sprüche und flottes Aussehen, Volksbewusstsein und Volksverbundenheit, das war es, was den Kärntnern an Haider und seiner Entourage von Anfang an gefiel. Als Führungspersönlichkeit mit Charisma wurde er von den Medien für seine verbalen Kraftakte gleichzeitig geliebt und gehasst. Möglicherweise waren auch viele, bei aller Ablehnung seines Weltbildes, davon fasziniert, dass da plötzlich ein Politiker in Jeans und Polo um den Wörther See strich.
„Da war er einfach der Jörg, zu dem man Servus gesagt hat“, erinnerte sich Schlagersänger Udo Jürgens in einem Interview. „Jahre später bei einer Pressekonferenz in Peking betraf die erste Frage sofort Haider. Da dachte ich, jetzt fliege ich vom Stuhl.“

Am 6. Oktober 1987 wurde Leopold Wagner von einem ehemaligen Schulkollegen auf der Toilette des Klagenfurter Volkskellers (heute „Hirter Botschaft“) angeschossen. Der Täter, ein 60 Jahre alter Lehrer, hatte den Posten eines Hauptschuldirektors nicht bekommen und fühlte sich schlecht behandelt. Leopold Wagner überlebte schwer verletzt. Ein primär privates und persönliches Attentat: fahrlässige schwere Körperverletzung als offizielles Endergebnis, wenn auch mit politischen Folgen. Wagner zog sich aus der Politik zurück, am 27. September 1988 übergab er das Amt des Landeshauptmanns an Peter Ambrozy – Haiders „Lebensabschnittsgegner“.

Der aus Villach stammende Jurist war von 1973 bis 1980 im Amt der Kärntner Landesregierung Wagners Sekretär gewesen. Es folgten die Berufung zum Direktor des Kärntner Landtagamtes sowie anschließend die Tätigkeit als Landesparteisekretär der Kärntner SPÖ in den Jahren 1983 bis 1988. Eine rote Karriere.
Landeshauptmann von Kärnten durfte sich Ambrozy allerdings nur wenige Monate nennen. Im darauf folgenden Jahr verlor die Kärntner SPÖ die absolute Mehrheit um wenige Hundert Stimmen. Die FPÖ mit Jörg Haider hatte kräftig zugelegt. Blauer Wahlslogan: „Tausche Jörg gegen Ambrozy“.
Das Wahlergebnis war auch ein Urteil der Kärntner über die Müdigkeit, über Stil und Methode etablierter Politik, über die Oberflächlichkeit, Kurzsichtigkeit, ja Verantwortungslosigkeit mit der sie betrieben wurde.

Im Mai 1989 wurde Haider mit den Stimmen der ÖVP zum Landeshauptmann gewählt. Der scheidende ÖVP-Chef Harald Scheucher und der schwarze Klagenfurter Langzeitbürgermeister Leopold Guggenberger hatten den Deal mit Haider eingefädelt. Jetzt regierte Jörg Haider, und die Gegner ließen sich von ihm in der politischen Arena vorführen wie tollpatschige Zirkusbären am Nasenring.
Der Abschied Leopold Wagners aus der Politik, das aufgestaute Veränderungsbedürfnis und die jahrzehntelange SPÖ-Dominanz in Landtag, Gewerkschaft, Arbeiterkammer und in den Wirtschaftsbetrieben das Landes hatten die FPÖ zu einer Mittelpartei anschwellen lassen. Viele Versprechen, die man noch heute von Landeshauptmann Haider hört, wurden damals erfunden. Haiders Modell als Vorbild für Österreich: „Am Kärntner Wesen könnte auch diese Republik genesen."
Den Kärntnern ist heute noch in Erinnerung, dass Haider nach seiner Wahl die verhassten, an die Wiener Bürokratie gemahnenden Hofratstitel abschaffte. In der Minderheitenpolitik steht Haider auf Seiten der Traditionsverbände. Freilich: Er war auch der erste Kärntner Landeshauptmann, der in den Schulen die Landeshymne auch auf slowenisch aufhängen ließ. Der im Amt der Kärntner Landesregierung ein Minderheitenbüro einrichtete. Der zweisprachige Kindergärten finanziell förderte. Der einen Kärntner Slowenen zu seinem Protokollchef ernannte.

Während Jörg Haider als Landeshauptmann den Glockner bestieg und an einem Gummiseil von der Jauntalbrücke sprang, litt die SPÖ unter dem Verlust der Macht und zelebrierte interne Intrigen. Haiders schwarzer Koalitionspartner kämpfte gar um den Zusammenhalt.
Die Volkspartei hatte in Kärnten noch nie ein leichtes Leben. Kärnten war immer ein armes Land, ein „Keuschlerland". Es gab kaum Adel und Bürgertum, kaum Industrielle und Großbauern. Die vielen kleinen Nebenerwerbsbauern waren oft rote Eisenbahner oder nationale Großdeutsche.
Auch die katholische Kirche spielt in Kärnten eine untergeordnete Rolle. „Den Tiroler, den host über die Kirchn steuern können, der Kärntner hot sich über die Kirchn nie steuern lossn", sagt Christof Zernatto. Den stärksten Rückhalt hat die katholische Kirche in der slowenischen Minderheit, während in den vielen evangelischen Gemeinden des Bezirks Feldkirchen die Freiheitlichen seit jeher besonders stark sind.
So bleibt für die ÖVP regelmäßig ein beschauliches Potenzial zwischen zehn und 20 Prozent. Und die schwarzen Funktionäre sind gespalten: „In jene, die eine unüberwindbare Abneigung gegen olles, wos rot is hom und in jene, die eine unüberwindbare Ablehnung gegen olles, wos

freiheitlich is hom. Do stehst als Parteiobmann immer in der Mittn drinnen und weißt, dass du in Wirklichkeit zwa Parteien hinter dir host. Für die eine Gruppn bist' immer zu liberal und für die ondere immer zu national", analysiert Zernatto. „Also die ÖVP is sicher die am schwierigsten zu reitende Gruppe in Kärnten."
Christof Zernatto, Jahrgang 1949, war 1989 Landesparteiobmann der ÖVP, Landeshauptmannstellvertreter und damit Koalitionspartner Haiders geworden. Zernatto, dessen Großonkel Guido Zernatto der letzten Schuschnigg-Regierung angehört hatte, war zuvor Marketing- und Vertriebsleiter der Firma Pomona – einer Marmeladenfabrik, die sein Großvater gegründet hatte.
Der Bruch zwischen Haider und Zernatto kam unbemerkt für die Öffentlichkeit an einem Landesschützentag in Straßburg: „Da Haider hat mi zuvor gebeten, dorthin zu fohrn, weil er einen ondern Termin hot und nicht kon. Dos is jo dos Schönste, wos dir als Nachwuchskraft passieren konn. Dass du bei einer großen Veronstoltung der Erste bist. Durtn redn konnst, dich präsentieren konnst, unter die Leit gehen konnst. I wor donn so erbost, als aufeinmol der Herr Haider mit irgendana Schützenpartie übern Hauptplotz eingezogen is und durt die Ovationen eingsommelt hot. I bin mir vurkummen wie der letzte Tepp. Jeder gemeinsame Auftritt mit ihm wor jo in Wirklichkeit eine Qual, weil es eine spürbare Niederloge wor. I hob anfoch gsegn, dass es nur einen gibt, dem die Sympathie zufliegt."
Von da an war für Zernatto klar, „dass wir den ersten Augenblick, wo wir ohne Gesichtsverlust auße können aus der Koalition, dass wir den nutzen müssen."
Der Augenblick kam schneller als erwartet.
Als sich der Landeshauptmann am 13. Juni 1991 im Landtag von einem SPÖ-Zwischenruf („Was Sie fordern, hat es schon gegeben, aber im Dritten Reich!") provozieren ließ, war es vorbei: „Na, das hat's im Dritten Reich nicht gegeben, weil im Dritten Reich haben sie ordentliche Beschäftigungspolitik gemacht, was nicht einmal Ihre Regierung in Wien zusammenbringt. Das muss man auch einmal sagen."

„Unser damaliger Klubobmann Georg Wurmitzer hot als Einziger im Londtog erkonnt, wos do jetzt passiert is und hot es in an wirklichen Übermaß thematisiert", sagt Zernatto heute. „So dramatisch wor des net, wos da Haider durtn gsogt hot. Wirklich jetzt. In der Realität. Oba es hot sich supa greimt, weil es hot natürlich olle domols vorhondenen Voreingenommenheiten dem Haider gegenüber bestätigt. Vor ollem, und das is uns jo total zugute gekommen, jene der Wiener Medien. Jetzt

homs endlich ihren Nazi kobt. Dabei, wenn da Haider olles is, Nazi is er sicher kana."
Ein Sturm der Entrüstung brach los. Zernatto kündigte in einem ORF-Interview ohne Parteibeschluss den Koalitionsvertrag: „Aus der rationalen Überlegung, dass wir ohnehin hin san, wenn wir so weitertun und aus dem Gefühl heraus, dass i mit ihm net weiter zusammenorbeitn konn."
Nach dem Misstrauensantrag von ÖVP und SPÖ musste Haider am 21. Juni gehen. In „an Glücksfall der Geschichte, dem wir a bissl nachkolfen hom" wurde Zernatto fünf Tage später mit den Stimmen von ÖVP und SPÖ zum Kärntner Landeshauptmann gewählt.
Bei einer Großkundgebung auf dem Neuen Platz in Klagenfurt bekunden Tausende ihre Solidarität mit dem gestürzten Landeshauptmann. Haider: „Ich stehe fest, solange ihr hinter mir steht."
Haider wechselte nach Wien. In Kärnten wurde Mathias Reichhold sein Statthalter: „Ich schreibe Mathias mit einem t – außer wenn es der Jörg anders will."
„Nach der Abwahl hat sich Haider vielleicht mit dem Gedanken des Aufhörens beschäftigt. Da war er am kippen. Aber das hat die SPÖ nit ausgenützt", glaubt Ausserwinkler heute.

Doch von wegen Gedanken ans Aufhören: Bei der darauf folgenden Landtagswahl im Jahr 1994 schaffte die FPÖ 33,3 %. Die SPÖ bekam wiederum den größten (37,4 %), und die ÖVP den geringsten Stimmanteil (23,8 %). Eine neuerliche FPÖ-ÖVP- Koalition zwischen Haider und Zernatto hielt nur wenige Stunden. Zernatto: „Genauso wie ich damals aus einer Emotion heraus die Vereinbarung mit den Freiheitlichen abgeschlossen hab, genauso emotional hab ich ihnen des dann einfach wieder ume gpfeffert, weil ich gsegn hob, dass es nicht geht."
Während Jörg Haider in Wien blieb und bei den Blauen ein gewisser Karl-Heinz Grasser Landeshauptmannstellvertreter wurde, übersiedelte bei den Roten Michael Ausserwinkler nach Kärnten. Der SPÖ-Gesundheitsminister und Sohn des früheren Klagenfurter Bürgermeisters Hans Ausserwinkler, löste Peter Ambrozy ab und übernahm die rote Landespartei. Den Sprung zum Landeshauptmann schaffte er nicht. „Ich hab damals gespürt, dass auch in der eigenen Parteiführung nur etwa 60 Prozent dafür waren, mit allen Mitteln einen SPÖ-Landeshauptmann durchzusetzen. Einen Enthusiasmus in die Richtung hab ich nicht gespürt", beklagt Ausserwinkler heute fehlenden Rückhalt in den eigenen Reihen. Christof Zernatto wurde erneut mit den Stimmen von Rot und Schwarz zum Landeshauptmann gewählt.

Ausserwinkler: „In Wien hatte ich das Problem, dass ich als Kärntner mit einigen Dingen nicht ganz verstanden worden bin. In Kärnten hatte ich Schwierigkeiten, weil ich ja als Bundespolitiker geprägt war. Haider is es mit seiner ständigen Kritik an den Wiener Zuständen viel besser gelungen, als Kärntner wahrgenommen zu werden. Und dann hat sich auch noch die Bundes-SPÖ zu sehr in Landesfragen eingemischt. Das hat ihm geholfen. Da hat er locker SPÖ-Bundespolitiker als Feindbilder verwenden können."
Weder rote noch schwarze Bundespolitiker haben die Kärntner Verhältnisse jemals wirklich verstanden. „Es is in meiner Partei in Wien sicher eine gewisse Kärnten-Skepsis vorhanden", sagt Ausserwinkler. „Ich bin im Bundesparteivorstand oder Bundesparteipräsidium oft nicht richtig ernst genommen worden – als Kärntner. Wenn ich in der einen oder anderen Frage eine andere Sichtweise hatte, hab ich mehrmals den Satz gehört: Ja, so sehen das vielleicht die Kärntner."
„I hob immer gsogt, Freunde, redets net immer so unglaublich blöd daher, wie vernogelt der Kärntner is und wie deppert der Kärntner is", erinnert sich auch Zernatto an Diskussionen mit schwarzen Bundespolitikern. „Dos, wos euch überhaupt net eingeht is, dass kein anderes Bundesland innerhalb von 50 Johr zweimal bedroht wor. Dos sind Dinge, wo i a dem Schüssel immer wieder gsogt hob: Bitteschön vergiss net drauf, dass da Dinge passiert sind, die net durch Schönreden und durch liberale Grundeinstellung anfoch überwunden werden können. Das sind Wunden, deren Heilungsprozess und deren Vernarbung Generationen braucht. Und des is auch der Grund für diese Urongst oller deutschsprochigen Kärntner gegenüber allem, wos slawisch is. Noch dazu hat die Nazi-Propaganda den Abwehrkompf zu an deitschen Kampf hochgspielt und missbraucht. Dos is der Grund, warum Kärnten so missverstonden wird. A meine Parteifreunde in Wien werden dos nie verstehen, obwohl sie wirklich vernunftbegobte Menschen sind. I hob's oft probiert. Und sie scholten ob. Sie hörn dir in dem Punkt nit zua."

Jörg Haider erfasst diese Kärntner Befindlichkeiten ganz genau und grast sehr emotionell in den Kärntner Urthemen.
In seinem Büro am Klagenfurter Arnulfplatz liegt eine große Glasplatte auf den aus Metall nachgezeichneten Grenzen Kärntens. Das ist Haiders Schreibtisch: „Die Kärntner leben wie in einer Nussschale", sagt er, wenn er über seine Landsleute spricht. „Ringsherum von den Tauern, den Karawanken und den Karnischen Alpen umgeben. Die Kärntner schauen wenig über diese Berg. Sie san a bissl scheu, unsicher. In Verei-

nen und Organisationen fühlen sie sich aufgehoben. I glaub in Kärnten gibt's dreimal so viele Vereine wie in den onderen Bundesländern."
Das ist identitätsstiftend. Das schweißt zusammen. Und das braucht der Kärntner, sagt Michael Ausserwinkler: „Das Selbstbewusstsein des Kärntners muss immer wieder aufgebaut und bestätigt werden. Es gibt eine Ablehnung gegenüber vielem, was unbekannt is oder nicht ganz greifbar is. Vieles ist begründet in der Geschichte des Landes, in dem Drang sich abzuschotten, sich zu schützen vor Äußerem, mit dem man nicht so gut zurechtkommt und das man nicht so gut begreifen kann."
Haider greift diese Unsicherheit auf, und er greift die Menschen an. „Er kommt irgendwo hin und legt den Menschen den Arm um die Schulter", beschreibt Psychologe Ottomeyer diese Charmeoffensive. „Ich würd sagen, mehr als die Hälfte der Kärntner hat er schon mit seinen körperlichen Vereinnahmungen beglückt, jedem die Hand geschüttelt. Er hat eine große Vereinnahmungskraft. Und auch viele, die früher in Opposition waren, fühlen sich wie begnadigt: Er mag mich ja doch. Er ist doch ein super Kumpel. Ach, mein Widerstand und meine Kritik waren übertrieben, ich geb ihn auf. Und so wandert er in die Kärntner ein, gewissermaßen."

Haider führt Wahlkämpfe über Gefühle, über Stimmungen. Er verführt. Er geht einen Schritt vor, einen zurück. Er spielt mit den Emotionen. Die Leute warten vor wechselnder Bühne. In einem Festzelt oder Vereinshaus. Sie warten lange bis er kommt. Und wenn er kommt, dann kommt er durch den Mittelgang unter Musik. Oft ist es eine berühmte Filmmusik oder ein Marsch der lokalen Blasmusikkapelle, also etwas, das die Menschen kennen und was ganz bestimmte Gefühle in ihnen freisetzt. Im Frühjahr 1999 ließ er sich einen Song auf den Leib schneidern, etwas mit „Zukunft" und „Hoffnung":

„Zukunft für unser Land.
Hier leben Menschen mit Herz und Verstand.
Für die Leute, die Hoffnung wählen,
wird es jetzt wieder aufwärts gehen."

Das war die Erfolgsmelodie der FPÖ. Das Auftrittssignal für Jörg Haider.
Eine Melodie, die Dynamik repräsentiert. Ein Text mit klaren Worten, einer deutlichen Botschaft, die noch den Letzten erreicht:

„Der Stillstand war viel zu lang in diesem Land,

was fehlte, war ein Mann, der die Zeichen hat erkannt.
Jetzt ist es Zeit, dass Kinderherzen lachen,
das Land wird neu erwachen,
wir alle sind bereit.“ [12]

„Ich habe unterschätzt, dass es Phasen gegebn hat, wo er tief in unsere Wählerschichten eingedrungen is. In die Gewerkschaftsbewegung, in die Betriebsratsebene“, analysiert Michael Ausserwinkler. „Ich war sehr überrascht, wie wenig politische Resistenz es auf der Ebene gegenüber seinen Aktionen gegeben hat.“
Am 15. März 1999 wurde die FPÖ mit 42,1 % in Kärnten erstmals stimmenstärkste Partei. Haider gewann 8,8 Prozentpunkte dazu. Sein Comeback war nun nicht mehr zu verhindern. Er gewann so überraschend hoch, dass keiner seiner Konkurrenten von den Sozial- und Christdemokraten diesen Wahlsonntag politisch überleben durfte.
Christof Zernatto musste mit 20,8 % nicht nur als Landeshauptmann, sondern auch als ÖVP-Obmann abdanken: „Freunde, hob i meinen Leutn zum Obschied gsogt, Freunde, eines kann ich euch sogn, ich hoffe für euch, dass dieses Wahlergebnis, dos i zusammengebrocht hob, für dos ihr mich jetzt jogds, dass es auch retrospektiv ein schlechtes wor. Das wünsch ich euch.“
Auch Michael Ausserwinkler musste seine Funktionen aufgeben. Die SPÖ war mit 32,9 % auf Platz zwei abgestürzt, der linksliberale Ausserwinkler am Kärntner Wesen gescheitert: „Ich habe als Politiker die Kärntner Befindlichkeiten sicher zu wenig berücksichtigt. Ich hab gemeint, dass wir nach dem Umbruch im Osten vieles von dem zurücklassn können, was Kärnten früher belastet hat und war da zu schnell und zu forsch. Und ich bin auch von vielen nit verstanden worden. Es fährt in Kärnten sicher jener Politiker viel besser, der in dem nationalen Fahrwasser a bissl mitschwimmt und nicht nur auf die Ängste der Menschen eingeht, sondern mit den Ängsten auch spielt.“
Michael Ausserwinkler, Jahrgang 1957, arbeitet heute als Arzt für Innere Medizin in Klagenfurt, Villach und Althofen. Christof Zernatto ist Geschäftsführer der Trimedia Public Affairs in Wien, Shareholder der Trimedia Communications und neben Ex-SPÖ-Innenminister Karl Schlögl an der Bachler & Partners Security-Beratung beteiligt.

Jörg Haider wurde 1999 erneut Landeshauptmann. Vergessen war, dass dieser Mann einmal als „untragbar“ auf dem Sessel des Landeshauptmanns gegolten hatte. Es kam nicht überraschend. Wie sollten

[12] Text: Petritz/Sendlhofer. Musik: Koschutnig/Kölblinger

jene, denen der Übertreiber einen Spiegel vorhielt, hineinsehen, ohne zu erschrecken? Mit welchem Recht konnte Kärntens politische Elite einen Konkurrenten zum Aussätzigen erklären und auf sein problematisches Verhältnis zur NS-Vergangenheit hinweisen, das sie doch ebenso schlampig über Jahrzehnte hin gepflogen hatte?

Die Kärntner SPÖ konnte den Verlust der Macht seit Wagner nicht und nicht verkraften. Mächtige rote Bürgermeister, Gewerkschafter, Parteisekretäre, bedeutende oder einfach nur wichtige Funktionäre, sie alle spielten ihr eigenes Spiel, machten der Partei und dem jeweiligen Chef das Leben schwer.
Da betrat am 12. Feber 2000 wieder Peter Ambrozy, Jahrgang 1946, die Bühne, wurde erneut Landesparteivorsitzender und Landeshauptmann-Stellvertreter.
Haider hatte unterdessen vor allem auf Bundesebene zu kämpfen. Er hatte die FPÖ von Sieg zu Sieg und in die Regierung geführt, den Posten des Kanzlers jedoch Wolfgang Schüssel und die Funktion des Bundesparteichefs Susanne Riess-Passer überlassen.
Hochwasser, Knittelfeld, Riess-Passer-Rücktritt, Grasser-Austritt, Koalitionsbruch, Neuwahlen, minus 16,9 Prozentpunkte, das waren die Eckmarken im blauen annus horribilis 2002. In weiten Kreisen der Öffentlichkeit war der Alleinschuldige für das Desaster auf Bundesebene schnell gefunden: Jörg Haider.
Nach dem kometenhaften Aufstieg: der Absturz.
Die FPÖ – eine totgesagte Partei.

Nicht so in Kärnten: Bei den Landtagswahlen am 7. März 2004 blieben die Freiheitlichen nicht nur stärkste Partei, sie legten auch um 0,4 Punkte auf 42,5 % zu. Und das, obwohl auch die SPÖ ein Plus von 5,6 Prozentpunkten verbuchen konnte. Die ÖVP stürzte auf 11,6 % ab, die Grünen kamen mit 6,7 % erstmals in den Landtag.
Österreich fragt sich: Warum tickt das freiheitliche Stammland so ganz anders? Wie kommt es, dass Jörg Haider in Kärnten einen Wahlerfolg von über 42 Prozent bejubeln konnte, während die FPÖ in den anderen Bundesländern sogar bis unter die 10-Prozent-Marke purzelte?
In den letzten Jahren war die FPÖ überall in Österreich bei Wahlen krachend abgestürzt, wurde halbiert oder marginalisiert. Innere Brüche, Zerwürfnisse, Störmanöver und Richtungswechsel, denen zeitweise sogar die Koalition im Bund mit der Volkspartei zum Opfer fiel, haben das bewirkt. Haider habe die Bundesregierung absichtlich gesprengt, hieß es. Auch wenn es sich viel mehr um eine fahrlässige Explosion als um

eine bewusste Zerstörung gehandelt hat, Jörg Haiders Image außerhalb Kärntens war schwer beschädigt. Nur in seiner „Alpenfestung" hat dies die Wähler offenbar kalt gelassen: Sie bestätigten Jörg Haider triumphal als Landeshauptmann. Kärnten ist rätselhaft.

Wie macht das der Haider? Vielfältig, fantasievoll und bemüht sind die Erklärungsversuche. Ist es das Führerprinzip? Die feine Nase für die Stimmung im Land? Die Vorliebe des Kärntners fürs Nationale? An Ansätzen mangelt es nicht.

Neben schwächelnden Gegenkandidaten hatte der Alpenfürst noch immer höchsten Glanz. Ambrozy machte noch das Beste aus seinem Technokraten-Image und legte deutlich zu. Die eigene Klientel zu mobilisieren war ihm gelungen. Mehr war nicht. Die Scharte, den Landeshauptmann für die SPÖ verloren zu haben, konnte er auch 15 Jahre danach nicht auswetzen.
Querschüsse diverser roter Bezirkskaiser, wie jene des Wolfsberger Bürgermeisters Gerhard Seifried, blieben nicht aus. Seifried sowie der frühere Klubchef Erwin Paska und Ex-Parteisekretär Franz Großmann gingen sogar so weit, Haider öffentlich zu unterstützen. Eine Kärntner-Tradition: Haider hat in den roten Reihen stets mehr Bewunderer als der jeweilige Parteichef.
Die Volkspartei mit Elisabeth Scheucher lag gar in der von ihrem Mann regierten Landeshauptstadt Klagenfurt in der Endabrechnung drei Prozentpunkte hinter den Grünen. Sie hatte vor der Wahl eine Zusammenarbeit mit Haider ausgeschlossen, doch so etwas goutiert der Kärntner Wähler nicht.
„Wie jemand, der so long in der Politik is, soviel dumme Aussogen in einem Wahlkompf mochn konn", wundert sich Ex-Landesparteiobmann Christof Zernatto heute noch. „Intern hom olle den Kopf gschüttelt und am rechten Rand der ÖVP hom sich viele Wähler gedocht: Na bitte, wenn de schon vorher sogt, dass sie noch da Wohl eh mit die Roten wird, donn wähl' i liaba den Haider, weil der is mir ollemol liaba. Schwarzer wird's eh kana."
Wichtig zu wissen ist außerdem, dass die Mauern zwischen SPÖ und ÖVP in Kärnten am höchsten sind. Laut Sora-Institut bewegten sich bei den Landtagswahlen 1999 und 2004 zwischen den beiden Parteien lediglich 7000 Wähler. Zum Vergleich: In der Steiermark waren es 2005 fast 100.000, jeder fünfte SPÖ-Wähler kam direkt von der ÖVP.
Schon seinerzeit, als in Kärnten der Verdruss über rote Alleinherrschaft und Parteibuchwirtschaft stieg, fiel es den früheren SPÖ-Wählern nicht

im Traum ein, den Schritt zur zweiten Nochgroßpartei zu tun. Jörg Haider fing sie genauso auf, wie er es mit den frei verfügbaren ÖVP-Anhängern tat, nachdem deren Partei sich durch konsequente Selbstvernichtung auf elf Prozent reduzierte.
Im Landtag hat die Kanzlerpartei ÖVP nun gerade mal vier Abgeordnete, die Grünen zwei, da klappert der Beifall ziemlich dünn.

Der rastlose Landeshauptmann hingegen übt im Schatten der Karawanken noch immer seine Anziehungskraft aus. Haider ist omnipräsent, hört sich die Sorgen der Menschen an und bietet Show und Schabernack – was vor allem bei den Jungen ankommt.
„Es war der direkte Kontakt mit dem Bürger, der 2004 die Wende zu unseren Gunsten gebracht hat“, analysierte Haider-Gefolgsmann Martin Strutz nach der letzten Wahl. Jörg Haider hatte einen wahren Händeschüttel-Marathon hinter sich. Im Halbstundentakt war er von Ort zu Ort gehetzt. Abend für Abend ist er dann noch bis zur Sperrstunde durch die Wirtshäuser gezogen und hat noch dem Betrunkensten auf die Schulter geklopft.
Dass die FPÖ in Wien mitregiert und gerade eine ungeliebte Pensionsreform auf den Weg geschickt hatte, schadete Haider nicht. Frei nach dem Motto: Die schwarz-blaue Regierung pfuscht, Jörg Haider repariert's. „Wenn ihr verhindern wollt, dass euch die Bundesregierung weiterhin das Geld aus der Tasche zieht, müsst ihr Haider wählen. Ambrozy kann da gar nichts durchsetzen.“ Das Argument kam an.
Die Kärntner FPÖ wurde zur Mobilisierungsmaschine, führte einen professionellen und teuren Wahlkampf. Den teuersten, den Kärnten je gesehen hatte.

Natürlich ist es trotzdem verwirrend, dass Haider dieses für ihn beste Wahlergebnis trotz allem, was in den Monaten davor passiert war erzielen konnte, aber Kärnten ist nun einmal ein ganz besonderer Boden.
War Haiders Aufstieg nur in Kärnten möglich? Nur in diesem für viele unerklärlichen Biotop? „Na“, sagt Haider. „Na, i glaub i hätt in Tirol oder Salzburg Ähnliches erreichen können. In der Zeit nach Wallnöfer in Tirol, do worn die Leit in Bewegung, do wäre einiges möglich gewesen. Und in Solzburg worn die Leit am Lond immer recht national und in der Stadt liberal. Da wäre auch einiges drin gewesen. Man hat's ja an da Burgstaller gsehen, dass ein Wechsel möglich war.“

„Im Vergleich zu anderen Politikern scheint Haider wie aus einem Guss zu sein“, analysiert der Psychologe Klaus Ottomeyer. „Der traut sich was, der Jörg. Das hilft denen, die sich im Hintergrund halten. Die sich schwach fühlen. Die sich nichts trauen. Das ist das, was die Kärntner suchen. Den letzten echten Naturburschen in dieser gespielten, inszenierten Welt. Und das bringt er schon recht gut."

Jörg Haiders Partei funktioniert wie eine eingeschworene Gruppe. Im Zentrum der Chef, der tun und lassen kann was er will: Jörg Haider. Rundherum ein „innerster Führungskreis", der ihn wie ein Schutzwall abschirmt: Früher die „Buberlpartie", danach eine handverlesene Runde aus Funktionären. Ähnliches kennt man auch aus anderen Parteien, gewiss. Nirgendwo ist das jedoch so extrem ausgeprägt wie bei den Freiheitlichen in Kärnten.

Da wäre einmal die extreme „Liebesbeziehung" zwischen Haider, seinen Getreuen und Anhängern: Jede Ansage des Chefs machen sie ohne Zögern mit.

Als sich Haider 2005 mit seiner Wiener Regierungsmannschaft von der alten FPÖ lossagte und das Bündnis Zukunft Österreich (BZÖ) gründete, folgte die Kärntner Landesgruppe nahezu geschlossen.

Das Gefühl, dass der Chef das Richtige tut, übertüncht mögliche Widersprüche. Egal, ob Politik, Wirtschaft oder Gesellschaft: Jörg Haider hat in Kärnten ein dichtes Netzwerk mit vielen goldenen Knoten geknüpft.

Obwohl nach wie vor selbst sein bester Spin-Doktor, verfügt Haider als Landeshauptmann über einen weit verzweigten Reigen an Ratgebern. Zwei davon sind die Mölltaler Brüder Uwe und Kurt Scheuch. Der eine BZÖ-General in Wien, der andere BZÖ-Klubobmann im Klagenfurter Landtag. Haiders unbestritten engste Vertraute sind derzeit Harald Dobernig, sein Büroleiter, und Stefan Petzner. Der 25-jährige Steirer ist nicht nur Haiders Pressesprecher und stellvertretender Bundesobmann im BZÖ, sondern schreibt auch Haiders Reden.

Auch Claudia Haider, die Ehefrau, spielt in Haiders Berater-Geflecht eine nicht zu unterschätzende Rolle. Nicht selten vermittelt sie, wenn Haider mit einem früheren Vertrauten im Streit liegt.

Juristisch, vor allem, wenn er wieder einmal im Clinch mit dem Verfassungsgerichtshof liegt, zieht Haider auch immer noch seinen Doktorvater ins Vertrauen: den emeritierten Verfassungsrechtsprofessor Günther Winkler.

In politischen Belangen hört Haider vor allem auf seinen langjährigen Mitstreiter, Landeshauptmannstellvertreter Martin Strutz – und auf Cheforganisator BZÖ-Landesgeschäftsführer Manfred Stromberger. Denn der kernige, bodenständige Gurktaler hat sein Ohr stets beim Volk – und über ihn lauscht Haider mit.

Doch Jörg Haider hat nicht nur Berater, er hat sogar richtige Konsulenten, deren Verträge meist mit dem Land Kärnten geschlossen wurden. So ist Ex-FPÖ-Infrastrukturminister Michael Schmid Konsulent für Raumordnungsfragen. Haiders ehemaliger Pressesprecher Karl-Heinz Petritz kümmert sich um die Libyen- und Nahost-Kontakte. Und Richie di Bernardo, ein aus den Seitenblicke-Spalten bekannter Chorsänger, berät Jörg Haider in Volkskultur-Fragen.

Die Kärntner Welt ist geteilt in zwei Bereiche: „Wir" und „Die anderen". Das entspricht der Kärntner Seele. „Wir" schotten uns gegen „Die anderen" ab. Da passt die von Haider gern thematisierte Abneigung gegen Wien gut dazu. Sie ist landesimmanent. Nicht zufällig wählte der Landeshauptmann für seine Volksbefragungs-Kampagne im Ortstafelstreit das Motto: „Wir Kärntner werden selbst entscheiden."
Während herkömmliche Politiker untrennbar mit ihrer Partei verbunden sind, positioniert sich Jörg Haider außerhalb. Er hat mit den Mängeln der Partei nichts zu tun. Der Schatz der Partei ist das Image ihres Chefs, nicht das der Partei.
Haider schaut dem Volk aufs Maul und redet ihm, wenn es sein muss, nach dem Mund. Vor allem redet er die Sprache der Menschen – sie haben das Gefühl, „der is ana von uns". Was auch immer in den Medien alles Böses über ihn gesagt werden mag: „Wir kennen unsan Jörgl. Der is a unsriga. A guata."

An jenem für Haider so denkwürdigen Sonntagnachmittag im März 2004 wurde er auf den Schultern seiner Getreuen durch die überfüllten freiheitlichen Klubräume im Kärntner Landtag getragen. Kaum einer wollte sich die Sause entgehen lassen.
Jubel, Trubel, Haiderkeit! Der Sieger zeigte sich im schwarzen Nadelstreif. Den Kärntner Anzug, die Wahlkampfmontur, in der er in den letzten Wochen durch das Land getingelt war, hatte er abgelegt. Gemeinsam sangen alle noch einmal ihr Wahlkampflied:

„Steirer und Tiroler, jeder lobt sei Lond,
dass in Wien am schönsten is, das ist längst bekannt.
Aber da im Süden, wo der Lindwurm steht,
do gibt's wos und des schlogt ein so wie a Komet:

Kärnt'n is a Wahnsinn, Kärnt'n find I guat.
Von den Karawanken bis noch Heiligenbluat,

von der Katschberghöhe bis zum Wörther See.
Kärnt'n is a Wahnsinn, Kärnt'n is ok."[13]

Dann legte er den Kopf zurück, die Augen halb geschlossen. Haider sagte nichts, er atmete nur tief ein, er inhalierte seinen Sieg, er pumpte sich geradezu auf damit. Er war auf dem Hochplateau seiner Karriere angekommen – da, wo man die dünne, kristallklare Luft unangefochtener Macht schmeckt. Er war ganz bei sich.
Es war eine dieser Sekunden, in denen aus Politik Sucht werden kann.
Die überraschenden, die unerwarteten Erfolge sollen ja die schönsten sein.
Er war totgesagt und hat es allen gezeigt. „Unbesiegbar" titelte das Wochenmagazin „profil" am Tag danach.
Einiges spricht dafür, dass der Politiker Jörg Haider davon träumt, einmal noch eine solche Sekunde zu erleben. Sie gäbe ihm die Freiheit zu sagen, wie er sich seine Zukunft vorstellt.
Er muss zurück auf dieses Hochplateau, einmal noch, nur einmal noch. Vorher kann er nicht gehen.
Das leidige Ortstafelthema könnte Haider zumindest in Kärnten noch einmal einen solchen Triumph bescheren. Er hat sich in diesem Streit gleich doppelt positioniert: Zum einen als „Populist, der die Interessen Kärntens verteidigt hat". Zum anderen als „Staatsmann, der den Kompromiss gesucht hat".
In seinem Kampf gegen zweisprachige Ortstafeln ist der Landeshauptmann zunächst bis ans Äußerste gegangen und hat dann, als die Mehrheit im Land des Themas überdrüssig wurde, doch einen Ausgleich gesucht. Ohne Risiko ist dieser Spagat freilich nicht. Schon rufen die ehemaligen blauen Weggefährten „Verrat".
Dass die Ortstafeldiskussion das falsche Kärnten-Image der ewig Gestrigen und Hinterwäldler gestärkt hätte, fürchtet Haider nicht: „Nicht die Medien, aber viele Menschen, auch in anderen Bundesländern, aber auch in Italien und sogar in Slowenien hom in da Ortstaflfrage Verständnis für uns. In Zeiten der Globalisierung geht's a drum Heimat zu geben."

Seine Gegnerin hat ein anderes Image. SPÖ-Chefin Gaby Schaunig gibt sich weltoffen und liberal. Noch weiß keiner so recht, wie das bei den Kärntnern ankommt. Während sie in Wien allenfalls dafür kritisiert wurde, dass sie nicht in der ersten Sekunde ihrer Amtszeit dem BZÖ die Zusammenarbeit kündigte, verstehen viele Kärntner das Ende

[13] Text: Erich Üblein. Musik: Alexander Munkas

der Zusammenarbeit per se nicht. Im Sozialreferat kann Schaunig ihr kämpferisches Streber-Image mangels Budgetbeweglichkeit nicht voll ausspielen.
Im Lokalblatt „Kärntner Woche“ benoteten Politjournalisten Schaunigs Leistungen zuletzt mit 2,25. Haider schaffte es auf den Wert 2,16.
Der Landeshauptmann und seine rote Kontrahentin sind einander in tief sitzender Verachtung zugetan. Beide sind vollkommen davon überzeugt, den jeweils anderen im entscheidenden Augenblick ausschalten zu können. Wenn Jörg Haider das Gegenteil behauptet, kann er sich ein leichtes Zucken seiner Mundwinkel nicht versagen.
Das uralte Problem der Kärntner SPÖ, dass sie zwar gegen Haider antritt, aber – abgesehen davon, dass man selbst gern auf dem Thron säße – eigentlich nicht so genau weiß, warum, lässt sich auf Dauer auch nicht verbergen.
Im Ortstafelstreit steht Schaunig vor dem Problem, erklären zu müssen, warum ihre Genossen im Nationalrat (auch die Kärntner) den Kompromissvorschlag der Bundesregierung zu Fall brachten, während sie selbst um Zustimmung geworben hatte.
Nicht zuletzt gehören viele Unterkärntner SPÖ-Bürgermeister zu den größten Gegnern zusätzlicher zweisprachiger Ortstafeln. Sie kennen die Stimmung in ihren Orten. Und manche von ihnen hatten ohnehin schon immer mehr Bewunderung für Haider, als für den jeweiligen roten Parteichef.
Deshalb ist die Chance der SPÖ auf einen 2009 erfolgenden Mehrheitswechsel in Kärnten zwar größer als unter Schaunigs Vorgängern, jedoch alles andere als abgesichert. Klar ist nur, dass Haider erstmals eine couragierte Gegnerin hat.
Die Kärntner ÖVP befindet sich hingegen in einem schwarzen Loch, weil sie im freien Spiel der Kräfte für Landtagsmehrheiten Kleingeld herausschlagen kann, ohne davon wirklich zu profitieren. Der Landesfürst bleibt ungefährdet.
„Landeshauptmann is dos, wos i immer werden wollt“, sagt er. „Dos is für mich die große Lebensaufgabe.“
Aber: „I konn mir außer Politik auch noch wos onderes vorstellen“, sagt er auch, trinkt seinen Kaffee aus und lässt damit für die Zukunft alles offen.
Der nächste Termin wartet. Es darf keine Pause geben. Es muss immer weitergehen. Irgendwo ist immer Wahlkampf.

KAS UND NUDEL

Der Mann mit der weißen Schürze und der weißen Haube steht unter einem Flugdach. Vor ihm auf dem Kocher: zwei Pfannen, ein Topf. Der Geruch von Knoblauch und Öl liegt in der Luft. Peter Lexe kocht Fisch. Die Menschen, die sich da am Dorfplatz von Feld am See um den Stand, das Kochgeschirr und den Mann in Weiß drängen sagen „Kuchlmasta“ zu ihm. Einige raunzen: „Kenn i eh olles.“ „Des homa eh schon kobt.“ „Jo mei, des is jo a olte Gschichte.“

„Der Kärntner kennt zunächst einmol immer olles“, sagt Peter Lexe, der seit den 90er Jahren wöchentlich eine Kolumne in der „Kleinen Zeitung“ schreibt. „Immer zuerst einmol negieren oda obetrogn, um donn zu sogn: Maah, des wor oba supa. Wenn man ihn austschentschen losst, den Kärntner, dann is er auch offen für Neues.“

Das Fisch-Fest in Feld am See ist nur eine von 13 regionalen Veranstaltungen, mit denen Wirte und Bauern vor allem in den Sommermonaten auf lokale Spezialitäten aufmerksam machen wollen. Vor zehn, elf Jahren sind die ersten Feste entstanden, vor allem aus der Sorge heraus, dass Feuerwehren und Sportvereine den Kärntner Wirten zusehends das Geschäft vermiesen. Heute gibt es unter anderem das Speckfest (1. Juni-Wochenende) im Gailtal und das Kräuterfest (1. Juli-Wochenende) in Irschen, das Had'nfest (2. Juli-Wochenende) im Jauntal, das Glocknerlamm-Fest (3. September-Wochenende) am Dorfplatz von Heiligenblut und das Käsefestival (letztes Wochenende im September) im Gailtal. Der Gast hat Unterhaltung, kann gut essen und auch bäuerliche Produkte mit nach Hause nehmen. Das kommt den Essgewohnheiten der Kärntner entgegen.

Die Kärntner Küche liegt im Einflussbereich österreichischer, italienischer und slawischer Ess- und Trinkkulturen und sie ist einfach. Einfach gut. Ihre Schmankerln schmecken einmal deftig, einmal fein und sind leicht zuzubereiten. Denn als die ursprünglichen Rezepte entstanden, hatten die Menschen weder Zeit noch Zutaten für aufwändige Speisen. Die Bauern waren von Adel und Klerus unter ein besonders schweres Joch gezwungen und mussten mit dem vorlieb nehmen, was Hof und Boden hergaben.

Auf ihrem von Armut diktierten Speiseplan standen vor allem Milch und Milchprodukte, Getreideerzeugnisse, Gemüse und Kräuter. Fleisch war dem Grundherren abzuliefern. Nur „mindawertiges Zeugs“ wie

Schweinsköpfe, Haxen, Eingeweide und Hirn durften die Zehentpflichtigen behalten.
Die Menschen mussten sparsam sein. Auch die Art des Essens ist unter diesen Gesichtspunkten zu sehen. Das Frühstück bestand aus Suppen oder Milch, meist mit Sterz. Brot gab es nur zur Jause, die je nach Jahreszeit und Arbeitsleistung verschieden ausfiel. Das Mittagessen bestand aus einem Voressen, im Sommer war's ein Salat, im Winter Sauerkraut oder eine Suppe. Danach sah der bäuerliche Speiseplan jeden Wochentag bestimmte Gerichte vor, die das ganze Jahr über gleich blieben. Es gab Knödeltage und Nudeltage, Nockerltage und Strudeltage, manchmal sogar Fleischtage.
Mit viel Sorgfalt, Geschick und Geschmack wurden alle nur möglichen Abwandlungen in der Zubereitung mit verschiedenen Zutaten und Würzmitteln ausprobiert. Daraus hat sich zum Beispiel die Vielfalt an Kärntner Nudeln mit ihren verschiedenartigen Füllen und Zuspeisen ergeben. Zum Abschluss des Mittagessens wurde Milch gelöffelt. Schmalzgebackenes gab es immer dann, wenn schwer gearbeitet wurde. Die Menschen richteten sich weitgehend nach den Bedürfnissen und dem jahreszeitlichen Angebot. Und heute noch zählen viele dieser Gerichte, weil sie einfach, gut und schmackhaft sind, zum festen Bestandteil auf vielen Kärntner Familientischen.
Eine Ausnahme bildeten festliche Tage. Vorher wurde gefastet, dann ausnahmsweise einmal üppiger zugelangt. Da kam dann manchmal auch Braten auf den Tisch. Süße Mehlspeisen sind in der Kärntner Küche rar, auch sie waren Festtagen vorbehalten.
Die ursprüngliche Kärntner Kost war einseitig, wird oft behauptet. Bedenkt man allerdings, dass alle Getreideprodukte vollwertig waren, dass sie immer mit Milch, Topfen, wenig Fleisch, Gemüse und Obst ergänzt wurden, dann klingt das doch recht ausgewogen.

Wenn man Glück hat, findet man sie manchmal noch auf den Kärntner Bauernhöfen oder in alten Wirtshäusern, die alten Kochrezepte – noch in Kurrentschrift auf Speckpapier geschrieben oder gar nur mündlich erzählt. Die Kärntner hüten sie wie ein Geheimnis und geben sie nur sehr ungern weiter. Was von der Oma irgendwann überliefert wurde, dass ist Familiengeheimnis und wird gehütet wie die Goldreserven von Fort Knox: „Auf denen sitz ma drauf, de geb ma nit weiter." Da muss man schon bitten und betteln, um ein interessantes Rezept zu ergattern.
Sehr oft sind die alten Kochrezepte ohne genaue Mengenangaben: „A weane Solz" oder „zwoa Hond voll Möhl" oder „a Fäustle Zuggar".

Aufgepasst! Omas haben verschieden große „Fäustlan". „A weane Solz" kann zu wenig sein für ein herzhaftes Gulasch, kann aber ebenso zu viel sein für eine Suppe.
Wer heute auf die alten Kärntner Rezepte und Küchengeheimnisse stoßen will, der muss sich ganz schön anstrengen, um „da Traudi oder da Maria oder da Elsa dos ane oder ondare Gustostickle aussaz'laxln", wie man auf gut Kärntnerisch sagt.

Mittlerweile haben Kärntens Köche mit viel Fantasie die Original-Rezepte ihrer Heimat angereichert, verfeinert und modernen Essgewohnheiten angepasst. Außerdem haben sie, besonders im Südwesten, Einflüsse von jenseits der Grenze aufgenommen – aus dem Friaul, aus Venetien und gelegentlich sogar von der Adriaküste. Die bäuerlich-bodenständige Herkunft ihrer Kreationen schmeckt man jedoch in den meisten Fällen heute noch.
Für Star-Köchin Sissy Sonnleitner vom Landhaus „Kellerwand" in Kötschach-Mauthen hat „die Kärntner Küche einfache Grundmaterialien, Getreide, Gemüse, Hülsenfrüchte, Pilze, relativ wenig Fleisch. Und zeichnet sich damit zum Unterschied zu jener in Salzburg oder Oberösterreich durch Schlichtheit aus." Durch die Öffnung der Grenzen und der geographischen Lage Kärntens hat sich daraus dann die Alpen-Adria-Küche entwickelt. Die Haubenköchin versteht wie kaum eine andere, über den Geschmack die verblüffenden Gemeinsamkeiten der drei Regionen zu definieren und die sympathischen Unterschiede herauszukochen. Und noch etwas streicht Sonnleitner heraus: „Viel Fantasie und Hingabe gehören dazu." Wer das vor Ort erfahren will, kann sich für die Destination Kochkurs entscheiden: Ein- und Zwei-Tagesseminare bei Sonnleitner gibt es ab 182 Euro.
„Kärnten ist in kulinarischer Hinsicht eine der ergiebigsten Regionen Österreichs. Dazu trägt schon die Grenzlage am Schnittpunkt dreier Kulturen bei – italienische und slawische Einflüsse mischen sich mit der typisch österreichischen Alpenküche." Niemand Geringerer als der Papst der österreichischen Gourmet-Kritiker, Christoph Wagner, schmiert dem südlichsten Bundesland im übertragenen Sinn Honig um den Mund.
Ob Strankerl oder Frigga – fast alle echten Kärntner Gerichte haben Entsprechungen in der friulanischen und slowenischen Küche. Die Herkunft der Speisen, die Varianten der Zubereitung und die Art zu würzen, haben Grenzen stets ignoriert. So wie den echten Genießern Grenzen fremd sind.

Wer die Region über die Geschmacksnerven ertastet, wer das Drau-, das Isonzo- oder das Kanaltal entlangfährt, der benötigt zwar möglicherweise zwei Sprachführer, wird aber schon sehr bald feststellen, dass die Speisekarten im Viereck Klagenfurt – Villach – Laibach – Udine einander auffallend ähneln. Was in den meisten Fällen bereits damit beginnt, dass es sie gar nicht gibt.
Ob man nun den „Kollerwirt“ hoch über Maria Saal, den „Devetak“ im Karst oder „Frankos“ Landhaus am Fuße des slowenischen Stol-Gebirges betritt: In jedem Fall erweist sich der Wirt als „wandelnde Speisekarte“ und berichtet mit verblüffender Eloquenz von den Küchenvorräten und deren Verarbeitung.
Wie diese carinthisch-friulanisch-slowenische Küche, die nichts von einem, aber vieles von allen in sich trägt, genannt werden soll, darüber scheiden sich die Geister. Tatsächlich ist es die Küche eines Zwischenreiches, das Fritz Herzmanovsky-Orlando zumindest in der Literatur quer über „die deutschen, slawischen und romanischen Gebiete im Südosten“ Europas gelegt und Tarockanien oder „Burgund der Levante“ genannt hat. Gerade letzterer Vergleich ist besonders treffend: Wie im Burgund speist man in dieser Region ganz ausgezeichnet.

Der Kärntner liebt also heimische, bodenständige Produkte mit einer Prise, die schon den Süden ahnen lässt. Die Kasnudel, diese raffiniert gefüllte Teigtasche, das Kärntner Nationalgericht, kommt freilich an erster Stelle. Und die muss so bleiben, wie sie immer war. Da versteht der Kärntner keinen Spaß. „I konn mich erinnern, vor zehn Jahren hob i geschrieben, dass die Kärntner Nudel, dos Allerheiligste, dos wir hom, nix ausschließlich Kärntnerisches is. Mehr hob i nit braucht“, erzählt Peter Lexe. „I bin mit Leserbriefen überschwemmt und als Nestbeschmutzer beschimpft wordn. Ober es gibt die Kasnudel als ‚Cjalcons‘ in der Karnia in Friaul und es gibt sie als ‚žlikofi‘ in Slowenien.“
Die Kasnudel wurde zum Kärntner Nationalgericht, weil es sie in Österreich sonst nirgendwo gibt: „Über die Grenz hot man nicht gschaut. Und wenn, donn nur von Udine obwerts. Und auch Slowenien wurde nur oberflächlich erforscht: Scampi, Kalamari, a Stange Zigaretten, Tanken und olles zusommen soll nit mehr als hundert Schilling kosten. Dos wor die Philosophie der Grenzgänger. Do wurde nit gschaut, wos in den slowenischen und italienischen Töpfen gekocht wird“, sagt Lexe.
Also: Wer den Kärntnern einen Gefallen machen will, der sagt nicht, dass ihn die Kärntner Nudel – das Wort wird tatsächlich oft im Singular verwendet, obwohl eine Portion gewöhnlich aus mehreren solchen Nudeln besteht – auffällig an Ravioli erinnert. Es wäre ein Hoheitsver-

brechen, das man mit zumindest einer Lokalrunde büßen müsste und es wäre ja auch nicht ganz richtig, denn die Kärntner Spezialität ist ja doch wirklich etwas deftiger und voller.
Elisabeth Pukelsheim aus St. Veit an der Glan gilt als eine Art Königin der Kärntner Nudelküche: „Egal, ob meine Gäst aus Kärnten, Wien oder Deitschlond kommen, nach den Kasnudeln frogt a jeda“, erzählt die Spitzenköchin.
„Dos Geheimnis von guate Kasnudeln is amol a guata Bauerntopfen. I bekomm jo wirklich Topfen und Eier vom Bauern. Dos is bei uns in Kärnten leichter als vielleicht woanders. Heute gibt's a Überangebot an Fertigprodukten, dass mir die Hoar zu Berge stehen. Bei uns in Kärnten homa holt noch diese guaten Bauerntopfen.“
Porree, Minze und Kerbel kommen aus dem eigenen „Kärntner Kräutergartl“, gleich neben dem Wirtshaus Pukelsheim.
Kasnudeln à la Pukelsheim munden vor allem durch ihre Leichtigkeit: „I schau, dass der Teig so dünn wie möglich is. Und i tua die Nudeln meistens nur ausstechen und nit krendln. Kas- und Kletzennudeln werden bei uns nur zu besonderen Anlässen gekrendelt. Nur die Fleischnudeln, die sind etwos größer, die tua ma schon krendln.“
„Krendeln“ oder nicht „krendeln“ – das ist eine Kärntner Grundsatzfrage. Früher war es der Ehrgeiz jeder Frau, schön gekrendelte Nudeln zu servieren. Die latente Drohung, dass Kärntnerinnen erst heiraten dürften, wenn sie „krendeln“ können, war Ansporn genug: „A Diandle, das nit krendln kann, kriagt kann Mann.“ Mancherorts glaubt man, dass es wegen dieser Regel in Kärntner so viele uneheliche Kinder gibt. Aber das ist eine andere Geschichte.
Also zurück zum „krendln“: Dabei wird der Nudelteig gut durchgeknetet und ausgewalkt; die Fülle gut zusammengemischt auf die bis zu handflächengroßen ausgezogenen und eher runden Teigsegmente (Platten) aufgetragen. Die Ränder der Teigtaschen werden verschlossen indem man den Teig von rechts nach links zwischen Zeigefinger und Daumen so festdrückt, dass eine geflechtartige Verbindung und halbmondförmige Nudeltaschen entstehen. Je nach Größe in heißem Salzwasser fünf bis zehn Minuten kochen (ab dem Zeitpunkt, wo das Wasser nach dem Einlegen wieder zu kochen beginnt).
Man kann die Nudeln aber eben auch ausstechen oder ausradeln. Dabei wird der ausgewalkte Nudelteig regelmäßig in einer Reihe mit maroni- bis nussgroßen Kugeln aus Fülle belegt, bis die Hälfte der Teigfläche verbraucht ist. Anschließend die andere Hälfte der Teigfläche darüber schlagen, so dass eine große, einseitig geschlossene Teigtasche entsteht. Nun drückt man den Teig halbkreisförmig um die Fülle nieder.

Jetzt braucht man nur noch wiederholt halbkreisförmige Nudeltaschen herausstechen oder radeln.
Für Elisabeth Pukelsheim ist klar, warum gerade die Kasnudel zum Kärntner Nationalgericht geworden ist: „Fleisch konn man nit jeden Tog essen, oba Kasnudeln könnt man jeden Tog essen. So wie die Italiener a jeden Tog Spagetti essen können. Von Nudelgerichten konn man holt nie genug kriegen."
Jede Kärntner Region, ja fast jede Küche kennt ihre eigenen Nudel-Rezepte. Da gibt es zum Beispiel die klassischen Kasnudeln mit Topfen, Hirse oder aufgeschnittenem Knödelbrot. Manche mögen sie mit Grammerln, andere knusprig in Butter geröstet. Für die einen sind sie nur echt, wenn die Fülle aus Erdäpfeln besteht, wieder andere schwören auf Semmelwürfel. Es gibt aber auch süße Apfel- und Kletzennudeln (Dörrzwetschkennudeln). Da Kletzennudeln in Kärnten ursprünglich nicht als Nachspeise, sondern als Hauptgericht gegessen wurden, hat sich in manchen Gegenden bis heute die Sitte erhalten, grünen Salat dazuzuessen. Genauso wie zu den Spinat- oder Blunzennudeln mit Blutwurstmasse.
Für die Fleischfülle braucht man 60 dag faschiertes Selchfleisch und/oder Fleischreste, fein gehackte Zwiebel, ein Ei, Petersil und Brösel nach Bedarf (vor allem bei fettem Fleisch). Zwiebel in Fett hellgelb anlaufen lassen und alle Zutaten gut vermischen. Als Beilage empfehlen Kärntner Feinspitze saure Rüben.
So manche Kärntner Köchin erinnert sich, als wäre es gestern gewesen, wie sie mit anderen Kindern darüber stritt, welche Mutter oder Oma die besten Kasnudeln zubereiten konnte.
Während Elisabeth Pukelsheim auf die kleinen, zarten Nudeln schwört, erinnert sich Ex-Schifahrer und Showmaster Armin Assinger an jene seiner Gailtaler Kindheit: „Die Kärntner Nudeln von meiner Großmutter, des waren richtig große Woscher."
Und natürlich hat auch Franz Klammer ein liebstes Kasnudel-Rezept[14]. So wird es überliefert:

Fülle: 1 kg Erdäpfel
½ kg Kärntner Bauerntopfen
Lauch, Nudelminze (braune Minze), Kerbelkraut und Salz

Die Erdäpfel kochen, schälen und noch warm ausdrücken, mit Topfen vermischen, salzen und die fein gehackten Kräuter beimengen.

[14] Sämtliche Rezepte sind – wenn nicht anders angegeben – für vier Personen berechnet.

Nudelteig: ½ kg glattes Mehl
2 EL Öl
1 Ei
Salz, Wasser

Das Mehl salzen, Öl, Ei und Wasser beimengen und zu einem glatten Teig kneten. Kurz rasten lassen. Aus dem Teig Kugeln formen, dünn ausrollen, mit der Nudelfülle belegen, den Teig einschlagen und mit der Hand krendeln.
Die Nudeln im siedenden Salzwasser kochen, mit zerlassener Butter übergießen und mit grünem Salat servieren.

Starkoch Wolfgang Puck fand seine Liebe zur Kasnudel in der Küche seiner Mutter: „Durch ihren Einfluss habe ich mich für diesen Beruf entschieden." Später, Puck kochte längst in Amerika, fragte ihn seine Mutter immer wieder: „Warum versuchst du es nicht mit Kasnudeln, wo sie doch eine deiner Lieblingsspeisen sind, wenn du zu mir nach Hause kommst?" 1996 dann, als er das neue „Spago" in Beverly Hills eröffnete, entschloss sich „Wulfäng", wie ihn die Amerikaner nennen, Kasnudeln auf die Speisekarte zu setzen: „Der Erfolg war großartig – ein Dank wiederum an meine Mutter – einige Male schon versuchte ich, die Speise von der Karte zu nehmen – aber dem Wunsch meiner Gäste, die immer wieder Käsnudeln bestellten, musste ich mich fügen. Somit sind Mamas Käsnudeln ein Fixpunkt auf unserer Speisekarte."
Komponistin Gretl Komposch widmete der Kärntner Nudel sogar das „Kärntner Kasnudlliedle". „Wenn unser Chor vor einem Buffet steht, wird's gsungen":

„Da Mothe und da Rudl essen Karntnanudl mit viel Buttaschmolz, dos gheart dazua!
Do sogt da Mothe ‚Prost'
trinkt sei Krügal Most
und mant beim ochtn Nudl: ‚Liaba Rudl – noch den Nudl hob i gnua!'

Und auf die Karntnanudl gibt's an Apflstrudl mit viel Weubarlan und Zucka drauf!
Gach schreit da Rudl ‚Prost',
packt sei Krügl Most
und sogt: ‚Mei liabe Mothe, sei ka Tschrote – wonn's an schmeckt heart ma nit auf!'"

„Es is leider so, dass die jungen Kärntner kaum noch Kasnudeln mochn können", beklagt Peter Lexe. „Die Nudel stirbt zwor net aus, oba es gibt Kasnudelmanufakturen. I hoff, es gibt net irgendwonn die Einheitsnudel. Des warat schod, denn dos Schöne an der Kasnudel is, dass sie in Oberdrauburg onders schmeckt als in Spittal und in Winklern wieder gonz onders wie übern Berg drüber, Luftlinie 15 Kilometer, im Gailtal. Wenn man nur noch die Kasnudel von den drei oder vier Manufakturen bekommt, donn muss man irgendwie entgegensteuern, muss die olten Rezepte weitergeben. Weil der eine mocht die Fülle mit gerösteten Zwiebeln, der ondere tuat Erdäpfel eine – das muss erhalten bleiben."
Das Typische ist selten geworden. Der Kärntner Geschmack vielfach verloren gegangen. Im Villacher Brauhof hat man da so einige Erfahrungen gemacht. Die Kasnudeln wurden dort eine Zeit lang mit exzellenter und teurer Butter aus dem Kloster Wernberg serviert. Doch der Wirt musste das Angebot von der Karte streichen. Es hagelte Beschwerden, sogar Anzeigen sind gekommen: „Die Butta is ranzig." Jede Dritte Portion wurde zurückgeschickt: „De Butta hot an Stich." Keiner wusste mehr, wie reine Bauernbutter schmeckt.
Und angeblich gibt es auch manche Urlauber, die aus Kärnten zurückkommen und seufzen: „Gott sei Dank, jetzt sind wir wieder in Wien. Jetzt können wir wieder gute Kasnudeln essen gehen!"
Ehrlich wahr soll das sein und wirklich kein Schmäh! Eine Reaktion, die die geistige Misere mancher Reisender genau auf den Punkt bringt: Exotisch ja, aber mit vertrauten Düften! Es ist mit der Minze und prinzipiell mit allen Kräutern eine Gratwanderung, wenn der Koch großzügig ist, ist es den Gästen oft zu viel: „Die glauben donn, sie essen a Wiesen!" Daher gilt in vielen Wirtshäusern folgende Philosophie – das Hochhalten der originalen Kärntner Küche, aber in verfeinerter Form. Was immer man unter diesem Wort verstehen will, handelt es sich sozusagen um eine gezähmte Kärntner Küche. Testurteil aus einem Unterkärntner Wirtshaus: „Als g'standener Kärntner sag' ich dir: a bissl mehr Minze und auch mehr Butter gehört dazu! So miassn's schmecken. A guate Konsistenz und feina Tag so muass es sein!"
In Unterkärnten heißen die Kasnudeln auch Faustnudeln (faustgroß) oder Kranznudeln (zusammengerollt und geschnitten). In Oberkärnten heißen sie auch Kaskropfen. Dampf-, Rohr- und Kirchtagsnudeln erinnern eher an eine Art Krapfen, sind es doch Hefegebäcke.

Da ist es dann nicht mehr weit zu den Tiroler Schlutz- oder Schlipfkrapfen. An die in Tirol verbreitete Bedeutung erinnern heute noch in Kärnten die Schlickkrapferln, der „kleine Bruder" der Kärntner

Fleischnudeln als Suppeneinlage. Sie werden entweder aus Fleischresten oder aus gekochtem und faschiertem Beuschel mit Gewürzen, Ei und Semmelbröseln hergestellt. In Oberkärnten heißen sie auch Schlutzkrapfen.

„Bei meiner Mutter im Gosthaus sind immer zwa Frauen gsessen, die Köchin und eine Bekonnte. Und wenn zu einer Hochzeit eine Kärntner Schlickkropfensuppn gmocht wurden is, donn hom sie immer diskutiert wie viel Zwiebel und wie viel Petersil hinein muss. Überoll hom sie ihren Senf dazugeben und sich gegenseitig aufgstachelt", erzählt Elisabeth Pukelsheim.

Fertig gekochte Schlickkrapferln kann man auch gut einfrieren. Das folgende Rezept ist für sechs bis acht Personen:

Zutaten Nudelteig:
300 g Mehl
1 Ei
2 EL Öl
1 EL Salz
etwas lauwarmes Wasser

Zutaten Fülle:
500 g Schweinsbeuschl mit Herz
1 Lorbeerblatt
1 EL Essig
1 l Wasser
100 g Schwarzbrot
50 g Fett
50 g Zwiebeln
2 Knoblauchzehen
etwas Pfeffer, Majoran, Basilikum, Thymian
1 TL Salz
1 Ei
1 Eiklar zum Bestreichen

Aus den ersten Zutaten einen weichen Nudelteig machen und gut abrasten lassen.

Das Beuschl kocht man am besten am Vortag im gewürzten Wasser, nimmt es nach dem Auskühlen heraus und faschiert es fein.

Das Schwarzbrot im Beuschelwasser einweichen, gut ausdrücken und mit der Gabel zerkleinern. Fein gehackte Zwiebeln und Knoblauch hellbraun rösten.

Alle Zutaten für die Fülle zusammenmischen, gut durchkneten und daraus kleine Kugerln formen. Den Nudelteig dünn ausrollen, in regel-

mäßigen Abständen mit Füllekugerln belegen, rundherum mit Eiklar bestreichen, Teig darüberschlagen, gut andrücken und kleine Teigtascherln ausradeln.
Diese legt man in kochendes Salzwasser ein und lässt sie zehn Minuten ziehen. Dann in die fertige Fleischsuppe geben.

„Haklich“ wie bei der Kasnudel sind die Kärntner auch beim Rein(d)ling. Auch eine emotionale Angelegenheit, auch ein Fall bei dem Peter Lexe Leid zu klagen weiß: „I bin so geprügelt worden, weil i Reinling immer ohne d gschrieben hob. Heit bin i schon gwohnt, wos do an wüsten Schreiben kommt. Wobei i natürlich im Recht bin: Weil dos Wort Reinling von der Rein kommt. Ollerdings in monchn Gegenden is auch Reindl gsogt wordn. Also sind beide Begriffe richtig. Es gibt nur zwei Gerichte die derortige Emotionen auslösen: Dos sind eben die Kasnudel und der Reinling.“
Der Reinling oder Reindling ist das Kärntner Pendant zum Wiener Gugelhupf, auch wenn sich die Rezepte auseinander entwickelt haben. Im Gegensatz zur typischen Gugelhupfform hat der „echte“ Kärntner Reinling kein Loch in der Mitte. Die idealste Backform ist rund, innen glasiert, ohne Zapfen und ohne Rillen. Der Reinling wird aus feinem Germteig mit Ei hergestellt. Der Teig wird ausgerollt, mit Zucker oder Honig, Rosinen und Zimt bestreut und wieder zusammengerollt, in die Rein eingelegt und gebacken.
„Seinerzeit“, weiß Köchin Elisabeth Pukelsheim, „seinerzeit hot’s Reinling bei uns nur an besonderen Festtogen geben. I konn mi noch erinnern, wie meine Großmutter 40 bis 50 Stück Reinling in ihrem Schlofzimmer aufgebreitet kobt hot. Niemand hot eine dürfen, bevor nicht die Feiertoge kommen sind. Zu Weihnochten und zu Ostern hot auch des Gesinde am Bauernhof an Reinling kriegt.“
Viele Festtagsformen sind innen mit dem Zeichen „IHS“ (Jesus, Heiland, Seligmacher) verziert. Noch heute wird von Nicht-Kärntnern mit Schrecken beobachtet, wie jedes Jahr zu Osterschinken und Eierkren, süßer Reinling gereicht wird. Je süßer die Fülle, desto besser. Eine Kombination die nicht jedermanns Sache ist – aber Kärntner schwören darauf.
Ähnlich wie bei der Kasnudel gibt es auch beim Reinling unzählige Varianten. „Monchmol mit Nüssen oder gonz klassisch mit Rosinen, Zucker und Zimt“, verrät Elisabeth Puckelsheim. Oder auch mit Mostschaum:

Zutaten:	20 g Germ 50 g Zucker etwas lauwarme Milch ½ kg Mehl 1 Prise Salz 100 g Butter 1 Ei und 1 Eidotter 80 g zerlassene Butter 80 g Zucker 40 g Zimtpulver 60 g fein gehackte Haselnüsse 40 g Rosinen 60 g Butterschmalz Staubzucker zum Bestreuen
Mostschaum:	½ Liter Apfelmost 200 g Zucker 7 Eidotter

Aus Germ, wenig Zucker und etwas Milch ein Dampfl abmischen und an einem warmen Ort zugedeckt gehen lassen. Wenn das Dampfl Blasen wirft, das Mehl darunter mischen, restlichen Zucker, Salz, Butter, Ei, Eidotter und so viel Milch dazugeben, dass ein weicher, geschmeidiger Germteig entsteht. Den Teig mehrmals auf der Arbeitsplatte abschlagen und abermals zugedeckt gehen lassen, bis er etwa das Doppelte seines ursprünglichen Volumens erreicht hat. Den Teig danach durchkneten und rechteckig auf eine Dicke von etwa einem halben Zentimeter ausrollen. Diesen Teigfleck mit zerlassener Butter bestreichen, mit Zucker, Zimtpulver, Haselnüssen und Rosinen bestreuen und zusammenrollen. Die so entstandene Rolle schneckenförmig in eine mit Butterschmalz ausgestrichene Reinlingform drücken, nochmals eine Stunde gehen lassen und im auf 170 Grad Celsius vorgeheizten Backrohr 80 bis 90 Minuten goldgelb backen. Den Reinling dann mit Staubzucker bestreuen und auskühlen lassen. Apfelmost, Zucker und Eidotter über Dunst schaumig schlagen und mit dem Reinling servieren.

Im Friaul kennt man den Reinling als Gubana, die mit Grappa verfeinert zu einem hochprozentigen Genuss wird. In Slowenien isst man hingegen die Potica, gefüllt mit Estragon, Mohn oder Nüssen.
Der Vorläufer des Reinlings war das Schartl. Dem Wort liegt eine andere slowenische Bezeichnung des Reinlings, „šartelj“ zugrunde.

Ein weiteres slowenisches Wort für den Reinling ist „pogača", so zum Beispiel im Rosental. Die „pogača" wird ähnlich wie der Reinling zubereitet: die Fülle mit Nüssen, Rosinen, Zucker, Vanillezucker und Rum oder in der Variante mit Karobemehl, Zimt, gehackten Feigen und Rum. Oder auf der Sattnitz die „jabolčna pogača", der Apfelreinling mit einer Fülle aus geschnittenen Äpfeln mit Zimt und Zucker.
Zu Maria Theresias Zeiten wurden die Kärntner Landler nach Siebenbürgen in Rumänien ausgesiedelt. Dort hat sich der typische Kärntner Reinling bis heute erhalten. Nicht die Sachsen, die nur einige Straßen weiter wohnen, sondern nur die Landler machen den Reinling wie in der alten Heimat mit Zimt und Rosinen.
Eine weitere slowenische Bezeichnung für den Reinling ist „majželj", worauf auch die Maischeln oder Maischerln, die pikanten Netzlaibchen zurückgehen.

Auf den ersten Blick scheint es recht merkwürdig, dass eine Süß- und eine Fleischspeise mit dem gleichen Wort bezeichnet werden, doch die Lösung liegt im Grundwort, das ursprünglich Schnitte bedeutet hat. Im Gailtal gibt es drei „majželj" genannte Speisen, den Festtagsreinling mit Fülle aus Rosinen, Zimt, Nüssen, Rum, Vanillezucker und Anis, den Eierreinling mit Teig, wie er auch für Faschingskrapfen verwendet wird, und Biestmaischeln, eine Hauptspeise aus Biestmilch (Erstmilch der Kuh) mit Weizenmehl, Eiern, Salz und Anis.
In der Regel sind die Maischerln aber als Hauptspeise bekannt. Ein obligater Bestandteil der Schlachtplatte.

Zutaten: 1 Schweinskopf
Salzwasser
1 TL Salz
etwas Pfeffer
3 Knoblauchzehen, gehackt
1 TL Majoran
1 Ei
300 g Rollgerste, gekocht
1 Schweinsnetz

Den Schweinskopf kochen, das Fleisch von den Knochen lösen und fein faschieren. Die Maischerln würzt man mit Salz, Pfeffer, Knoblauch, Majoran, gibt Ei und zuletzt gekochte Rollgerste dazu. Kleine Laibchen formen und in Schweinsnetz einwickeln. Dann etwa zehn

Minuten braten. Sauerkraut und geröstete Erdäpfel sind sehr gut als Zuspeise geeignet.
In manchen Gegenden Kärntens werden die Maischeln auch Leberlan genannt. Im Lavanttal versteht man aber eine andere Speise darunter, mit einer zwar ähnlichen Fülle, die nicht gleich ins Netz eingerollt wird, sondern zuerst mit einem Germteig umhüllt wird.

Bereits 1485 wurde eine andere Kärntner Spezialität erstmals urkundlich erwähnt: Auf der Burg Khünegg bei Hermagor wurde dem Bischof von Caorle „Gerste in fetter Fleischsuppe" serviert. Das Kärntner Ritschert zählt zu den typischen Bauerngerichten und besteht aus Rollgerste und Hülsenfrüchten (Erbsen oder Bohnen, auch Linsen), wobei meist Geselchtes mitgekocht wird. Die wichtigste Würze ist Liebstöckel bzw. Lu(st)stock, wie der Kärntner sagt. Die Redewendung „ohne Lustock ka Ritschat", gehört zum Kärntner Küchengeheimnis.

Zutaten: 250 g Bohnen
250 g Rollgerste
150 g Sellerie
1 l Wasser
geselchte Stelze
Schweinshaxln oder Ripperln
4 Blätter Lustock und Gundelrebe
Salz

Die Bohnen und die Rollgerste werden am Tag vorher eingeweicht. Dann mischt man beides zusammen, gibt das Geselchte, die Gewürze und würfelig geschnitten Sellerie dazu und kocht alles weich. Das Fleisch wird herausgenommen, abgelöst und klein aufgeschnitten wieder der Speise beigefügt. Dann erst wird gesalzen.
Vielleicht ein Bier dazu? Das Villacher Premium zum Beispiel. Ein hellbraunes Bier mit einer kakaoartigen Nase und einem sehr feinen Röstmalzton. Ein wenig süß, wie viele (halb)dunkle untergärige Biere, aber insgesamt noch ausgewogen.

Unter Munggen und Talggen versteht man ein uraltes bäuerliches Vollkornnahrungsmittel, eine Altkärntner Nationalspeise aus Hafer-, Gersten- und Bohnenschrot, die gekocht, getrocknet und dann gemahlen aufbewahrt wird, um fallweise mit heißem Wasser angerührt zu werden. Den Ausdruck Munggen findet man vor allem im Lesach- und Mölltal, Talggen vor allem im Nockgebiet.

Dieses alte Kärntner „Müsli“ war seinerzeit vielseitig einsetzbar und enthielt all das, was die Bergbauern auf ihren Ackerflächen anbauen konnten. Es wurde aber auch im Tal hergestellt. Und gesund war es auch – mit Vitamin B für Zähne, Knochenbau und ausgeglichen Stoffwechsel.

Verständlicherweise läuft auch die Kärntner Küche stets dann zu ihrer Höchstform auf, wenn gefeiert wird. Besonders an den bunten Kärntner Kirchtagen. „Etwos, wos es sunst in Österreich so nicht gibt, sind die Kärntner Kirchtogssuppen. Im Gegendtol oder in Ludmannsdorf schmeckt sie schon gonz onders als auf da onderen Seite der Drau im Rosentol“, schwärmt „Kuchlmasta“ Lexe.
Legendär: die Gailtaler Kirchtagssuppe. Eine saure Gemüse-Rahmsuppe mit verschiedenen Fleischsorten, vielen Gewürzen wie Anis und Safran, erinnert zwangsläufig an die Küche der Renaissance.

Zutaten: 1½ kg Rindsuppenfleisch mit Knochen
½ kg Schöpsernes
1½ kg Schweinskopf
50 dag Schweinsrippenknochen
1 Karotte
½ Stange Porree
½ Sellerie mit Grün
½ Petersilwurzel
5 Zweigerln Basilikum
3 Blätter Liebstöckel
2 Muskatblüten
etwas Muskatnuss
½ Zimtstange
½ TL Ingwer
½ TL Anis
½ TL Kümmel
½ TL Fenchel
3 Lorbeerblätter
3 Brieferln Safran
4 Eidotter
4 EL Mehl
1 l süßer Rahm
1 l saurer Rahm

Fleisch, Gewürze und Kräuter in zirka vier Liter gesalzenem, kaltem Wasser zustellen und langsam köcheln lassen. Schaum immer abschöpfen, bis das Fleisch weich ist. Suppe abseihen und noch einmal aufkochen. Rahm, Mehl, Eidotter gut abrühren und durch ein Spitzsieb in die Suppe einsprudeln. Die Suppe darf dann nur noch einmal leicht aufwallen.
Eventuell mit wenig Saft vom Schweinsbraten nachschmecken und mit Reinling und selbstgemachten Backerbsen servieren. Für selbstgemachte Backerbsen wird ein Omelettenteig durch ein Nockerlsieb in heißes Öl getropft und herausgebacken.

Kärntens Küchen und Vorratsräume kennen aber auch so exzellente Produkte wie die Kärntner Selchwürstl oder die Jauntaler Salami. „Die is einzigortig in Österreich und in ganz Europa. Auf dem Gebiet der bäuerlichen Salami gibt's nix Vergleichbores. Der Unterkärntner Speck is auch a gutes Produkt, oba es gibt auch den Mölltaler Speck, den Gegendtaler Speck und da Gailtaler Speck is jo sowieso nit von der Hond zu weisen."
Wenn sich die alpinen Lüfte der Karnischen Alpen und die warmen Brisen aus dem Süden im Gailtal treffen, dann bleiben im Sommer die Türen zu den Trockenkammern nachts offen stehen, im Winter untertags. Das würzige Aroma von Wacholder und Kräutern der Karnischen Almen macht die Qualität des Gailtaler Speckes aus. Altbauer Alois aus dem Gailtal weiß noch, was beim Speckmachen wichtig ist: „Da Raum, nochant die hohe Log, die Luft und nochant die Temperatur. Im Somma is nia goa zu haß und get imma a bissl a Liftl. Bei uns rint da Speck nia, woans a im Somma noch so woam is und es is interessanterweise so wia beim Brotbochn. Jeder Bauer oder Bairin wos an Speck richtn tat, hot a ondares Rezept soazusogn. Da ane tuat do a bissl mehr Knoblauch drauf, da ondre tuat a bissl mehr Solz oda mehr Pfeffa drauf. Jeda mochts a bissl ondas."
Des Gailtals beste Seiten werden alljährlich beim Speckfest in Hermagor verkostet. Besucher lassen sich Frigga, Speckknödel und allerlei kalorienreiche Köstlichkeiten schmecken. Auf der anderen Seite des Karnischen Kamms werden der nach Bergluft und Kräutern duftende Sauriser Schinken und deftige Salami geräuchert.

Das milde Klima in den Karnischen Alpen behagt auch einer zarten blauen Blume, der Wulfenia. Weil die Blumen, Kräuter und Gräser auf 1500 Meter Seehöhe unter einer dicken Schneedecke überwintern, ist ihr Aroma unvergleichlich. Das wissen auch die Gourmet-Kühe von

500 Gailtaler Bauern zu schätzen, die Sommer für Sommer auf 13 Almen getrieben werden.
Dort oben wird aus einer fettreichen, aromatischen Milch der Gailtaler Almkäse bereitet. Tagwache um fünf Uhr früh. Jeden Tag. Kühe akzeptieren keinen Sonntag. Auf der Rudnig Alm treiben das Ehepaar Birgit und Gottfried Raß 30 Milchkühe von den Wiesen zur Hütte. Melkzeit. Das erledigen die Maschinen. Handarbeit ist trotzdem genug.
Seit acht Jahren lebt das Ehepaar im Sommer als Käser auf der Alm. „Mit Begeisterung", gesteht Birgit Raß. Käsemachen ist spannend und genussreich. Die Abendmilch wird in große Nirostawannen gefüllt. Bis zum Morgen hat sich an der Oberfläche Rahm gebildet. „Der wird obgschöpft und zu Butta verorbeitet." Dann wird in der Käserei der Kessel eingeheizt. „Mit Lärchenholz", erklärt Gottfried. Das heizt schneller.
Entrahmte Abendmilch und Morgenmilch werden in den Kupferkessel gegossen und auf 32 Grad erhitzt. Kochen darf sie nicht, die Milch. Dann wird Labpulver dazugegeben. Langsam wird dann die Milch auf 35 bis 40 Grad erwärmt und mit einer Käseharfe fährt der Käsemeister durch die weiße Flüssigkeit. Es geht um die Körnung des Käses, den Bruch. „Erbsengroß", so möchte er ihn haben.
Eine Arbeit wie vor 100 Jahren. Mit einem Leinen wird der Käsebruch aus dem Kessel gehoben. Der Käser benötigt Geschick und Kraft. „Vor allem mit die Zähn. Dritte derfst keine hobn."
Der Käse wird gepresst, den Tag über mehrmals gewendet und wieder gepresst. Das Wasser muss heraus. Dann die Laibe in eine Salzlacke gelegt und nach 24 Stunden in den Reiferaum gebracht. Jeden Tag wird Laib für Laib gepflegt. Nur so entsteht der unvergleichliche Gailtaler Almkäse. Nach alter Tradition, aber mit verfeinerten Methoden. Vollmundig, würzig und goldgelb.
Die runden Käselaibe werden nur selten ins Tal verfrachtet, denn jeder Feinschmecker weiß, dass ein Produkt dort am besten schmeckt, wo es erzeugt wird. Und so wandern die Liebhaber des Gailtaler Almkäses oft über Stock und Stein ihrem Käse entgegen. Vor der urigen Sennhütte auf der Rudnig Alm schneiden Besucher dicke Keile vom Käse und schieben selbstgebackene Brotstücke, dick mit Almbutter beschmiert, in den Mund. Dazu gibt's Buttermilch oder rahmig-saure Milch.
Jeder Käselaib, der in luftiger Höh' seiner Vollendung entgegenreift, hat seinen eigenen Geschmack. 50 Tonnen werden pro Jahr erzeugt – zu wenig, um alle Käseliebhaber zufrieden zu stellen. Doch meist ist das Gute eben rar.
Ganz anders mundet der Käse von den italienischen Nachbarn auf der anderen Seite der Karnischen Almen. Von den Bauern drüben holt man

sich gerne Tipps. Einmal im Jahr trifft man sich im italienischen Polacco zum Erfahrungsaustausch mit Käseverkostung und gestrenger Jury.
In Slowenien, rund um Bohinj, ist der Mohant eine besondere Spezialität. Im oberen Isonzotal wird ausgezeichneter Bovecer Schafskäse angeboten. Den Isonzo flussabwärts liegt Tolmin, das für seinen Tolminec bekannt ist, der bei den Herstellern an der Käsestraße verkostet werden kann.

Käse der Kärntner Sennereien und Geräuchertes gewinnen immer mehr an Stellenwert. Kärntner Almkäse, Kärntner Almochsen, Kärntner Tauernlamm, Geflügelspezialitäten, Obst und Gemüse, heimische Forellen und Äschen, frische Kräuter vom Bauern, Pilze und Wild aus den Wäldern der Umgebung sind nur einige Beispiele.
Kärntner Edelbrände, Obstsäfte, Bier aus den drei Kärntner Brauereien und Most stehen auf Getränkekarten der Gastwirte oben an.
Wenn Kärnten, abgesehen von knapp 20 Hektar Weinland im Lavant- und Jauntal, wegen des rauen Klimas schon nicht mit eigenem Wein dienen kann, dann wenigstens mit Most. Viele Wege und Straßen sind in Kärnten von hohen Mostbirnbäumen eingerahmt.
Aus den überreifen, braunen, teigigen Früchten, die sehr gerne als Obst gegessen werden, macht man gute, saftige Kletzen. Ein wichtiger Bestanteil für das Kärntner Kletzenbrot:

Zutaten: 1 kg Kletzen
1 l Wasser
500 g Roggenmehl
100 g Sauerteig (vom Bäcker) oder 60 g Germ
1 TL Salz
1 TL Zimt
3 EL Honig
2 EL Schnaps oder Rum
250 g Walnüsse

Die über Nacht in Wasser eingeweichten Kletzen werden weich gekocht. Aus dem Roggenmehl, dem Sauerteig oder der Germ, den Gewürzen und ¼ l Kletzenkochwasser macht man einen festeren Teig. Von den Kletzen werden die Stiele und Blütenreste entfernt, dann werden sie faschiert oder fein aufgeschnitten und mit den grob aufgehackten Nüssen in den Teig eingeknetet. Diesen lässt man gut aufgehen, formt

ihn zu einem großen Laib oder Striezel, bestreicht ihn mit Wasser und backt ihn bei zirka 180 Grad eineinhalb Stunden.
Kletzenbrot soll abliegen, bevor man es verwendet. Es ist auch wochenlang haltbar. In der Weihnachtszeit isst man es mit frischer Butter und Honig bestrichen.

Aus den grünen, reifen Birnen wird ein ausgezeichneter Most gepresst. In den letzen Jahren wurde er aber schon häufig vom Apfelmost verdrängt, der als nicht so „krämpfig" gilt. Neben dem Most kredenzt man den Besuchern zur angebotenen Brettljausn ein „Stamperl", im Unterland ein „Frakale". Das ist ein klarer Obstschnaps, den die Bauern selbst brennen.
Willi Napetschnig ist bekannt für seinen Schnaps und sortenreinen Apfelmost. Bei Verkostungen heimst der Lavanttaler regelmässig Goldmedaillen ein, meist mehrere pro Jahr. „Es geht drum, des Besondere einer Sorte hervorzuheben", erklärt Napetschnig sein Geheimnis. Er prüft die Farbe, die Klarheit, das Bukett und nimmt einen kleinen Schluck: „Die Säure beim Boskop und bei da Schafnase, dos Würzige beim Welschbrunner und beim Ilzer Rosenapfel, dos Liebliche beim Jonathan, dos Blumige beim Bellefleur und beim Lavanttaler Bananenapfel. Do kann man sich spielen." Weitere Sorten im Angebot von Willi Napetschnig sind Maschanzker und Kronprinz Rudolf.
Den Obstgarten in Herzogberg bei St. Georgen im Lavanttal hat Napetschnig von seinem Vater übernommen und im Laufe der Jahre schrittweise erweitert. „I hob Ackerfläche in Obstgartn umgewondelt, große Mengen produziere i aber bis heut nit."
Napetschnig setzt auf Qualität. Dazu kommt solide Handarbeit, Sauberkeit und Kreativität. 50 verschiedene Produkte stellt Napetschnig her: Most, Säfte und Schnäpse. In Barriquefässern darf feiner Essig reifen. Absatzprobleme kennt er nicht. Einen Teil seiner Produkte verkauft Napetschnig so wie viele Kollegen direkt ab Hof, einen Teil in der eigenen Buschenschank.

Peter Lexe: „Es gibt a Aufbruchsstimmung draußen am Lond. Und es gibt a Resignation in den Wirtshäusern in der Stodt. Im Grunde genommen findet man kaum noch urige Wirtshäuser in Klognfurt und Villach."
Auch die Chance auf ein „Late Night Dinner" ist gering. In so gut wie allen Restaurants bleibt die Küche spät am Abend kalt. Das Klagenfurter Bistro 151 zählt auch außerhalb der Saison zu den wenigen mit österreichischer und mediterraner Küche bis 24 Uhr.

In den Städten dominieren Italiener, Chinesen, Griechen und die Kebab-Connection. Und andere surfen nur noch auf der Pommes-frites-Welle. Da ist das Wiener Schnitzel das Wichtigste. Selbst die so genannte Hausmannskost wird nicht mit Liebe, sondern bestenfalls mit Routine gekocht. Lexe: „Viele hom kein Konzept. Dos einzige Konzept, dos sie hom lautet: Geöffnet von bis."

Selbstverständlich wird in einer Region, in der Länder und Kulturen so dicht aufeinanderstoßen, vieles international sein und bleiben. Im kroatischen Restaurant in der Altstadt von Villach sitzen Österreicher und Italiener beim Grillspieß, in der Pizzeria treffen sich Slowenen und Deutsche und nebenan beim „Brauhof" trinken alle im Anschluss noch ein Bier.

Doch Dank einiger beherzter Wirte ist die „Kärntna Kuchl" kein Exot im eigenen Land mehr, sie wird gepflegt und kreativ weiterentwickelt. Als Glücksfall erwiesen sich dabei die Aufzeichnungen der Handarbeitslehrerin Lia Michlau, die in den fünfziger und sechziger Jahren im Dreiländereck von Hof zu Hof wanderte, die traditionellen Rezepte der Bäuerinnen und Pfarrköchinnen sammelte und damit viele Traditionen der Kärntner Kochkunst vor dem Aussterben bewahrte. In den 70er und 80er Jahren des vergangenen Jahrhunderts war die Kärntner Küche tatsächlich ins Wanken geraten, wollten alle dem Gast um den Mund kochen.

Was heute in den guten Küchen des Landes zubereitet wird, ist eine Art Cuvée aus den verschiedenen Talschaftsvarianten. Darüber hinaus gehen die Köche auf den Märkten der Nachbarländer auf die Suche nach Unbekanntem und kehren beispielsweise heim mit der „Sarma", einer Variante des Sauerkrauts, das in ganzen Köpfen aus den Bottichen kommt, oder mit „Gibanica", einem slowenischen Strudel aus Topfen, Äpfeln und Nüssen.

Grenzüberschreitend ist auch die süße Unterkärntner Kaloriensünde „Schmalzmus", die in Slowenien „dober močnik" heißt.

Zutaten: 400 g alter Reinling oder Weißbrot
¼ l Milch
4 Eier
150 g Butter
3/8 l Milch
100 g Weinbeeren
50 g Zucker, Zimt

Milch und Eier werden gut versprudelt und mit dem würfelig geschnittenen Weißbrot vermengt. In einer flachen Pfanne lässt man Butter heiß werden, gibt das Weißbrot hinein und dünstet es bei nicht zu starker Hitze. Nach zirka einer viertel Stunde gibt man die Weinbeeren, die Hälfte des Zuckers und die kochende Milch darüber und dünstet es fertig. Mit Zucker und Zimt bestreut wird er aufgetragen. Man isst dazu Kompott oder man trinkt Milchkaffee.

Auf der Suche nach dem Ursprünglichen empfiehlt „Kuchlmasta" Peter Lexe Bauernmärkte. Vor allem die Wochenmärkte in Spittal, in Wolfsberg, in Völkermarkt, wo die Bauern der Umgebung stark vertreten sind und die Besucher kulinarische Bodenständigkeit entdecken können.
Außerdem sollte der Gast die kleinen Wirtshäuser am Land, abseits der touristischen Hochburgen besuchen. Wie eben das Wirtshaus Pukelsheim in der Erlgasse in St. Veit an der Glan, eines der liebenswürdigsten Gasthäuser Kärntens mit romantischem Garten und feiner, kärntnerisch-italophiler Küche.
„Die Kärntner Küche, dos is für mi Tradition, oba a Neugierde auf wos Neues", sagt Elisabeth Pukelsheim, die gemeinsam mit ihrem Mann das kleine und daher besonders gemütliche Lokal betreibt. Von Dienstag bis Samstag steht sie ab acht Uhr früh in der Küche. „I sog immer, i koch wie für eine große Familie. I bin wie die Mama für die Gäst und versuch einfoch die traditionellen Gerichte leichter zuzubereiten als man es früher gmocht hot." Elisabeth Pukelsheim wollte immer nur ein „klanes, ober „guates" Lokal. Eines, wo sie den Überblick behalten kann und wo sie zeigen kann, was sie von ihrer Mutter und Großmutter gelernt hat.
Sissy Sonnleitners „Kellerwand" in Kötschach-Mauthen gehört zu Österreichs Klassikern. Sonnleitner kochte sich schon vor Jahrzehnten in Höchstform. Tochter Stefanie wird hier die Nachfolge antreten. Dann soll auch das Küchen-Konzept ein wenig einfacher werden.
Aber auch der „Sicher" in Tainach, der „Bär" in Bad St. Leonhard und das Wirtshaus „Antonitsch" in Glainach bei Ferlach sind zu Pilgerstätten für Feinschmecker geworden.
Die Mitgliedsbetriebe der Kärntner Wirtshauskultur sind grundsätzlich ein Anhaltspunkt für gute Kärntner Kost. Zumindest sind dort Wirte am Werk, die sich zu besonderer Qualität bekennen. Sie setzen neben der kreativen Bereicherung von gewachsenen Ess- und Trinkkulturen auf heimische Rohprodukte bäuerlicher Familien. Sie versuchen den Bauern einen Anreiz zu bieten, ihre Landwirtschaft zu erhalten und ihr Heil nicht allein im Tourismus zu suchen.

Der „Kuchlmasta" weiß, wie man bei 4000 Kärntner Wirtshäusern relativ schnell die guten von den schlechten unterscheiden kann: „Wichtig is einmal, ob i mit ‚Grüß Gott' oder ‚Hallo' begrüßt werd. Das zweite is: Gibt's neben einem Schleppebier a noch sunst wos Kärntnerisches zum trinken? Einen Most zum Beispiel oder einen Apflsaft vom Bauern. Drittens: Krieg i eine Speisekortn, die so üppig und umfangreich is, dass i ewig brauch um mich zurechtzufinden, oder kommt vielleicht da Wirt selbst zum Tisch und erklärt mir welche Spezialitäten er anbieten konn. I find es besonders schön, wenn in den Speisekorten auch steht, von welchem Bauernhof der Zwiebelrostbrotn stommt. So weiß i, dass der Kärntner Almochs vorher zwa Saisonen in den Gurktoler Alpen unterwegs wor. Beim Wein wird jo a olles dazuagschrieben. Grod soviel, dass net auch noch steht, ob der Winzer Rechts- oder Linkshänder is."
Hände weg von Touristenfallen, die sich auf Pfannkuchen, Eis mit Sahne und große Apfelschorle spezialisiert haben. Je weiter weg vom touristischen Zentrum, desto größer ist die Qualität, ist die Aufbruchstimmung bei den Wirten. Nicht nur in der Raffinesse der Küche, sondern auch in der Herzhaftigkeit des Produkts. Im Gesamterlebnis.
Es ist wichtig, dass sich Besucher die Region selbst erarbeiten. Es ist etwas anderes, ob man etwas sucht und sich wirklich bemüht, es zu finden, oder ob man hinfährt, in ein Lokal geht und fragt: „Was ist jetzt mit dem Essen?" Man bekommt eine andere Beziehung zu den Speisen und zu den Menschen, wenn man Interesse zeigt, nachfragt und selbst auf Entdeckungsreise geht.

Heute gibt es wieder eine vielseitige einheimische Produktpalette, und Mohn- oder Maisfelder gehören wie selbstverständlich zum Landschaftsbild der Region. Inzwischen haben sich die Bauern bereits in gewissem Maße von der Nachfrage der Wirte unabhängig gemacht und ein eigenes Vermarktungssystem aufgebaut. Einheimische und Touristen können sich direkt mit den naturnah angebauten Produkten versorgen. Die Initiative der Wirte hat also entscheidend dazu beigetragen, die heimische Landwirtschaft zu konsolidieren und sie mit der touristischen Entwicklung einigermaßen in Einklang zu bringen.

Abseits touristischer Massenpfade findet sich, nach einer fünf Kilometer langen, kurvigen Fahrt von Spittal an der Drau nach Kleinsass hinauf ein Geheimtipp: Der Kleinsasser Hof. Fast könnte man meinen, der kochtüchtige Wirt will sich verstecken. Doch die lange Anreise macht sich für Feinspitze bezahlt. Hier gibt es Kärntner Kost auf höchstem Niveau und eine einzigartige Atmosphäre.

Auf der Terrasse hinterm Haus verdrängt die Sonne langsam den Hausschatten und schiebt sich über den Tisch, sodass man die Gläser entweder in Sicherheit bringen oder besser leeren muss, damit der Most nicht warm wird.
Gerade wurde der beste Antipasti-Teller nördlich von Arnoldstein serviert, eine Mischung aus Hirschsalami, Beinschinken, Speck, eingelegter Senfgurke, mit Butter, einem Kräuterstrauß, Radieschen und Hausbrot. Es folgen: Kasnudeln, die zu den besten im Land gehören (Standardausführung: mit heißer Butter und Schnittlauch). Und nach einer homöopathischen Dosis vom Wellness-Getränk des Kleinsasserhofs (Weichsel oder Vogelbeer, es gibt auch eine Menge anderer Essenzen, für die die Krankenkasse leider nicht zahlt.) folgt der Marsch zu den Hängematten im Obstgarten.
Zwischen den Gängen lässt sich Josef Gasser, der Küchenchef, der zusammen mit seiner Frau Waltraud das Haus führt, ziemlich Zeit. Das ist gut. So bleibt Gelegenheit, die prachtvoll-skurrile Ausstattung des Skulpturengartens hinterm Haus zu würdigen, wobei ein alter Trabbi neben der Eingangstür und eine nackte, blonde Barbie-Puppe in einem leeren Marmeladeglas, die zwischen Krügen, üppig wuchernden Pflanzen und Stahlmöbeln hervorlugt, besondere Freude machen. Vielleicht ist es nicht jedermanns Sache, aber es ist bestimmt das kurioseste Lokal, das Kärnten derzeit zu bieten hat. Was in dem idyllisch gelegenen Wirtshaus geboten wird, hat mit dem Üblichen nichts zu tun.
Die Fliegen vom benachbarten Feuchtbiotop und den Ställen versuchen, sich den speisenden Gästen immer wieder zu nähern, meistens ohne Erfolg, weil auch sie von der angenehmen Trägheit des Ortes erfasst sind.
Der schlaksige Künstlerwirt schneidet währenddessen Zwiebeln und wischt sich unterm Herrgottswinkel Tränen aus den Augenwinkeln.
Abends, in den Stuben, an deren nicht kategorisierbarer Dekoration David Lynch seine Freude gehabt hätte, als er für „Twin Peaks“ recherchierte, taucht das Licht der Diskokugel den ausgestopften Elch über der Bar neben den Flaschen mit besten österreichischen Rotweinen und einigen exemplarischen Hits aus Italien, Spanien und der Neuen Welt in bunte Farben. Die Haubenküche ist angenehm normal, die Rohstoffe naturgemäß superb: Ein „must“ ist die in großer Schüssel servierte köstliche Frittatensuppe. Danach: Forelle gebraten, Kalbsbraten mit Rosmarin, köstliche Schokoladentorte. Der Meister über seinen Stil: „I koch dos, wos i bin. I möchte die olten Rezepturen meina Kärntna Hamat nit in Vergessenheit geroten lossen.“ Gassers Küche beweist ein-

drucksvoll, dass einfache Kost mit den Ingredienzien der Luxusküche harmonieren.
Sollte die Heimfahrt nicht mehr möglich sein, steht eines von 17 gemütlich eingerichteten Zimmern zur Verfügung. Falls man Glück hat, schläft man dann in einem der schönsten Zimmer Kärntens, die vom Hausherrn Raum für Raum unterschiedlich eingerichtet wurden. Und da denkt sich dann vielleicht auch so mancher Einheimischer knapp vor dem Einschlafen, dass er „sowos oba sihalih no net erlebt hot“.

BERG UND SEE

Spät im Jahr steigen die Nebel zeitig auf und nisten sich ein. Legenden, Sagen und Geheimnisse ranken sich um einen Berg. „Dort, wo Tirol an Salzburg grenzt."
Magische Orte und unlösbare Rätsel säumen die vielfältigen Wege, an deren Ende immer wieder ein Gipfel steht. Schnee und heftiger Wind gestalten Wiesen und Berghänge zu neuen, gewagten Mustern und Formen. „Des Glockners Eisgefilde glänzt."
Auf der Reise durch die Jahreszeiten zeigt sich eine Urlaubsregion, die viele zu kennen glauben von neuen, überraschenden Seiten.
Seit mehr als 200 Jahren besteigen Menschen den Glockner. Erleben Triumphe und erleiden Tragödien. Er ist eine kolossale Herausforderung. So mächtig überragt der Glockner die Ostalpen, dass er zum Symbol der Identität des Landes wurde.
Mit 3798 Meter ist der Großglockner der höchste Berg Kärntens und Österreichs. Er besteht aus hartem Grünstein, der von einem Mantel aus Schiefergesteinen umgeben ist. Die Glocknergruppe ist das Herzstück des Nationalparks Hohe Tauern. Mehr als 300 Dreitausender und 180 Quadratkilometer Gletschereis prägen den Charakter dieser alpinen Urlandschaft im Zentrum des größten Naturschutzgebietes Mitteleuropas.
Vor Jahrzehnten waren viele Wildtiere vom Aussterben bedroht. Heute leben wieder 550 Steinböcke in den Hohen Tauern, mehr als 100 Steinadler ziehen ihre Kreise und auch bis zu acht Braunbären zählen trotz Fremdenverkehrs zu den regelmäßigen Besuchern.
Sepp Lackner hat miterlebt, wie sich der Glocknertourismus entwickelt hat. Der alte Bergführer aus Heiligenblut betrachtet den Massenauflauf auf 2400 Meter Höhe nicht ohne Distanz: „In die 50er Jahr hat er voll eingesetzt der Fremdenverkehr. Seither geht's immer bergauf. Da Glockner wor natürlich maßgebend dafür."
Am Rücken des Berges scheidet sich das Wetter. Was nach friedlicher Abendstimmung aussieht, ist in Wahrheit ein heftiger Sturm. Die Winter sind hart hier oben, am Ende des Mölltales. Nur wenige Menschen leben hier.
Südlich des Großglockners steht das größte zusammenhängende Lärchengebiet Österreichs. Die Lärche ist besonders frostbeständig, weil sie als einziger Nadelbaum im Winter ihre Nadeln abwirft.
Die Großglocknerhochalpenstraße, im Sommer die Nabelschnur zwischen der Zivilisation und dem Berg, hat sich wie jedes Jahr den Schnee-

massen ergeben. In 2500 Meter Höhe kämpfen 15 Tonnen schwere Ungetüme gegen den Schnee: Rotationspflüge, System Wallak. Sie heißen nach dem Erbauer der Glocknerstraße. Sie fressen mit ihren Pflugrädern den Schnee in sich hinein und werfen ihn bis zu 40 Meter weit aus. Die Räumung der 40 Kilometer dauert bis zu 14 Tage. Die maximale Räumung im Lawinenkegel beträgt 13 Meter. Zwölf hauptberufliche Schneeräumer entfernen Jahr für Jahr 600.000 Kubikmeter Schnee von der Straße, das entspricht einem geschlossenen Lastzug von 200 Kilometer Länge.

Die Glocknerstraße zählt zu Kärntens spektakulärsten Bauten. In den 20er Jahren stieß das Projekt auf Spott und Hohn. Eine Straße mitten durchs Hochgebirge, das schien technisch unmöglich. Dennoch entschloss man sich zum Bau, als Maßnahme gegen die grassierende Massenarbeitslosigkeit. Vier Jahre nach dem ersten Sprengschuss überquerte Franz Wallak als erster Autofahrer das Glocknermassiv. Die Edelweißspitze war nunmehr mit dem Automobil zu erreichen. Am 3. August 1935 eröffnete Bundespräsident Wilhelm Miklas offiziell die Glocknerstraße. Seither wurde sie in Etappen modernisiert, verbreitert, begradigt.

Die ungeheure Attraktivität dieser Straße lockt pro Saison fast eine Million Besucher auf die Franz-Josefs-Höhe. Das sind 270.000 Fahrzeuge in knapp einem halben Jahr. An Spitzentagen besuchen fast 15.000 Menschen diesen Ort. Balkon mit Glocknerblick.

„Es is jo selten a Tol, wo a Berg so guat eine passt, nit.“ Sepp Lackner ist stolz auf seinen Berg. „Die Kirchn von Heiligenbluat und da Glockner passen in inser Tol eine und des is in da mehran Wöld duch Onsichtskoatn ausgesendet woan.“

Die Gletscherbahn macht den Abstieg zur Pasterze denkbar einfach. Hier kann sich jeder sein Stück Wildnis erobern. Für ein paar Minuten. An manchen Tagen herrscht Massenbetrieb am ewigen Eis.

Die Pasterze, der größte Gletscher des Landes. Von Jahr zu Jahr wird sie weniger. Sie ist neun Kilometer lang, bedeckt eine Fläche von 18,5 Quadratkilometern und erreicht an ihrer dicksten Stelle eine Stärke von nicht weniger als 275 Meter. Zahlreiche Mythen ranken sich um diesen Gletscher. Wo heute die Pasterzenzunge liegt, soll sich ein grünes Tal mit saftigen Weiden mit Almhütten erstreckt haben, den Bauern habe dieses Tal Wohlstand und Reichtum gebracht. Übermütig und verschwenderisch seien sie geworden, gespielt hätten sie mit Kegeln aus Käse und Butter. Darauf seinen Eis und Schnee mit aller Urgewalt über das Tal gekommen und hätten es mit einem Gletscher gefüllt. Die

Frevler sollen alle zu Stein erstarrt sein und werden heute die drei Burgstaller genannt.
Tatsache ist, dass die Pasterze abschmilzt. Seit 1850, als der Gletscher gemäss damaliger Messungen seine maximale Ausdehnung hatte, ist die Pasterze um zweieinhalb Kilometer kürzer und um acht Quadratkilometer kleiner geworden. In wenigen Jahrzehnten könnte sie unterhalb des Hufeisenbruchs völlig verschwunden sein. Dabei ist die Tatsache, dass der Gletscher schmilzt, zwar spektakulär, aber nicht ungewöhnlich. Seit dem Ende der letzten Eiszeit vor 10.000 Jahren war die Pasterze mehrmals klein, sogar noch kleiner als jetzt und ebenso oft groß, so groß wie zur Mitte des 19. Jahrhunderts. Das ewige Eis ist in Bewegung. „Wo aus dem Kranz, der es umschließt, der Leiter reine Quelle fließt."

Wilde Bergbäche und verstaute Flusslandschaften. Wasser als Zwang und als Spielplatz. So kommt es, dass die Kärntner selbst im Winter draußen sind. Wahre Anrainer ihres jetzt so stockstarren Elements. Mit Eisstöcken und Schlittschuhen auf dem Eis. Mit Schiern und Rodeln auf dem Schnee. Und, wie es dem Außenstehenden scheinen mag, immer viel zu leicht bekleidet, zwischen soviel Winter.
Ganz oben ein Sturz in Knallrot. In der Mitte eine waghalsige Pirouette in Neongelb. Und am Ende eine kleine Verzweiflung in Himmelblau. Es ist Winter. Auch in Bad Kleinkirchheim. Täglich um zehn Uhr beginnt eine alpine Show der Extraklasse. Und jeder, der am Ende der Kaiserburgabfahrt in den Zielhang einbiegt, muss auftreten. Wird gnadenlos begafft und bestaunt, wird streng bewertet und benotet und erntet schließlich Pfeifen oder Gelächter. „Hast den Giftgrünen links oben gsehn", ruft ein stattlich-runder Mann um die Fünfzig in rosaroter Badehose aus und erwartet sich eine Reaktion der Dame neben sich: „Der schaut aus wie ein Aff' am Schleifstein."
Das Publikum hat sich hinter einem niedrigen Drahtzaun, ein paar Sträuchern und etwas Wasserdampf verschanzt. Das Publikum trägt nichts als Badekleidung. Das Publikum hockt für 13,50 Euro im warmen Freiluftbecken des Thermal-Römerbads. Ein Riesenspaß ist diese Show für alle fußkranken Voyeure.
Und Zeit zu vertreiben ist reichlich, denn der Winter hat in diesem Land keine Eile. Nicht einmal an den Ufern der fast 1300 Seen und Teiche, die als ferne Erinnerungen an längst vergangene Eiszeiten anmutig zwischen den hohen Bergen liegen geblieben sind. Aber diese Berge, Tauern einerseits, südliche Kalkalpen andererseits, sind es auch, die den Winter überlang festhalten und überreich an Natur und Mensch

weitergeben. Draußen lässt sich alles Zeit, drinnen ist kaum jemand ungeduldig.

Herr Matrei mag keine Touristen: „Es sind überhaupt nur noch Deutsche da, jetzt haben sie es endlich fertig gebracht, jetzt haben sie uns gekauft, und die haben denen keinen Riegel vorgeschoben, unsere Regierungstrottel, die das hätten kommen sehen müssen.“ Die Klage von Herrn Matrei, dem störrischen Kärntner aus Ingeborg Bachmanns Erzählung „Drei Wege zum See“, gilt inzwischen als klassische Tourismusschelte. Doch ausgerechnet in Kärnten ist es merkwürdig still darum geworden. Vielleicht hat man hier die harschen Worte der Dichterin besonders aufmerksam registriert und im Laufe der Zeit mit dem Nachdenken begonnen. Nach Jahren des Ausverkaufs an den Tourismus pflegt das Kärntnerland Althergebrachtes und Neues auch jenseits banaler Folklore und Volkstümelei. Vielleicht hängt es auch an den kontinuierlich schrumpfenden Nächtigungszahlen. Während der Wintermonate jedenfalls, selbst auf dem Höhepunkt der Schisaison, ist Kärnten keine Domäne der Touristen, und schon gar nicht der Deutschen.
Das Land zeigt sich ausgesprochen unbeeindruckt von seinen winterlichen Besuchern, die vorwiegend aus Wien, aus Italien oder Slowenien zum Schifahren kommen. Ob beim vorweihnachtlichen Einkaufen, bei den intensiven Vorbereitungen auf den Fasching oder der Freude über den ersten Schneemann – Touristen spielen im Winter nur eine Nebenrolle. Das Land lebt sein alltägliches Leben, in das sich die Besucher einklinken dürfen, ohne es wesentlich verändern zu können. Auch ihre Schipisten überlassen die Kärntner nicht den Fremden zur alleinigen Nutzung. Es herrscht eine fast familiäre Atmosphäre, man kennt sich, grüßt sich, tauscht Neuigkeiten aus.
Schifahren gehört zum Alltag wie anderswo Radfahren oder Fußballspielen. Auch viele Italiener und Slowenen fühlen sich heimisch, sind ausgestattet mit einem Saisonpass und kommen jedes Wochenende auf ihre Hausberge.
Ein anderes Schreckgespenst, das Ingeborg Bachmann angesichts der touristischen Eroberung Kärntens noch drastisch an die Wand malte, scheint inzwischen auch verbannt zu sein: Ihr bodenständiger Herr Matrei konnte es nämlich nur schwer aushalten, „überall diese Proleten zu hören, die von neun Uhr morgens an grölten und Bier tranken“. Derlei Ausschweifungen gehören weitgehend der Vergangenheit an, und Harry, Schilehrer auf der Gerlitzen, hat eine passende Erklärung dafür: „Gesundheits- und Kostenbewusstsein hom den Alkoholkonsum auf den Pisten stork eingeschränkt. Wer viel Geld für seinen Schiposs hin-

legen muass, der will des sportliche Erlebnis auch genießen und sich nit verkatert oder benebelt den Hong obequälen. Und a wir Schilehrer sind in der Hinsicht professioneller gworden, wir müssen uns nit mehr durch Trinkfestigkeit als schneidige Burschn beweisen." Herr Matrei, den die Unterwürfigkeit seiner Landsleute unter die Ansprüche der Touristen besonders ärgerte, würde die Worte dieses jungen Kärntners vermutlich befriedigt zur Kenntnis nehmen.

An manchen Jännertagen liegen die Täler unter einer dicken Nebelsuppe und es kann kalt werden, bitter kalt. Oft kälter als auf den Bergen. Inversionswetterlage nennen das die Meteorologen: oben 3 Grad plus, unten 15 Grad minus. Dabei bedarf es meist nur weniger Meter bergauf, um aus dem Nebel in das Sonnenlicht zu tauchen.
So zirka alle 20 Jahre kommt es vor, dass die österreichische Riviera, der Wörther See, Ende Jänner, Anfang Feber zufriert. Und zwar komplett von Klagenfurt bis nach Velden. Wie und warum der See das macht, das ist eine eigene Wissenschaft und ein großes Geheimnis, das in allen Einzelheiten wohl nur er selber kennt. Zuerst muss es schon Ende November sehr viel schneien, damit das Wasser richtig auskühlt. Dann muss es im Dezember und im Jänner schrecklich kalt sein, bis sich gegen Ende des Monats eine Eisschicht bildet, und dann darf es auf gar keinen Fall mehr schneien. Und ist es dann soweit, dann kommen Menschenmassen wie im Sommer an die Ufer des Sees. Busse aus Udine und Judenburg, Marburg und Wien stehen am Klagenfurter Strandbadparkplatz. Und allen Gästen bietet sich das gleiche, ganz unglaubliche Bild: Tausende und Abertausende Menschen – aus der Ferne nur als kleine schwarze Striche zu erkennen – wandeln in einer Kolonne über den See, bis sie sich am Horizont im weißen Dunst verlieren. Links und rechts zischt immer wieder einmal ein alter roter Käfer des Eislaufvereins Wörther See vorbei.
Die Sonne scheint und die Menschen kommen mit allem, was sie haben, auf das Eis: mit Kind und Hund, mit Schlitten und Eishockeyschlägern, mit iPods und Faschingsmasken. Die sommerlichen Badenixen sind jetzt Eisprinzessinnen mit Pelzkragen und Pudelmützen. Schwerelos gleiten sie dahin.
Vorne links taucht die idyllische Halbinsel von Maria Wörth auf. Die spätgotische Pfarrkirche, die kleine Winterkirche. Auf der anderen Seite Pörtschach. Die Kapuzinerinsel, die Schlangeninsel.
Niemals hat man einen besseren Einblick in die Villen und Seegrundstücke der Reichen und Schönen. Die 24-Zimmer-Villa der Kaufhauserbin Heidi Horten (mit einem geschätzten Vermögen von 3,3 Milliarden

Euro auf Platz fünf in der Rangliste der reichsten Österreicher) liegt ebenso an der Südseite des Sees, wie das mondäne Anwesen des Industriellen Karl Friedrich Flick (mit 6,8 Milliarden Euro der Reichste im Lande). Die Wörther-See-Prominenz hält sich wie immer diskret im Hintergrund, wenn sie um diese Zeit nicht ohnehin zum Winterurlaub in der Schweiz ist.
Jetzt gibt's nur noch Spiegeleis bis nach Velden, bis zum Casino und zum Schlosshotel. Was für eine Aussicht, was für eine Pracht: „Und da Herrgott hot glocht, wia's Landle hot gmocht."
Nach einer kurzen Pause bei Glühwein in Velden geht's zurück. Dass das Eis unter den Füßen manchmal scheinbar unmotiviert laut tosend kracht, sollte nicht beunruhigen. Es wächst. Sagt man. Dann fällt manchmal dichter Nebel ein über dem See und man ist endgültig in einer anderen Welt.
Hobbyeisläufer sollten sich Zeit lassen. Der offizielle Rekord stammt aus dem Jahr 1910 und ist ohnehin kaum zu brechen. Thomas Bohrer benötigte eine Stunde und zwei Minuten, hin und retour. Wer die 34 Kilometer tapfer absolviert hat, wird gut schlafen, und am Tag darauf etwas spüren, was er schon lange nicht mehr so intensiv gespürt hat: die Oberschenkel. „Spotzn", nennen das die Kärntner.

Die steigenden Temperaturen können das Wintermärchen auf den Kärntner Seen jäh beenden. Mit dem ersten, so zögerlichen Längerwerden der Tage bleiben die ersten Türen offen stehen, gerät tatsächlich das Wasser in Bewegung, löst die so starren Formen des Winters auf und beginnt zu locken.
Für Werner Jaklitsch, Bootsbauer am Ossiacher See, bedeutet diese Zeit ans Fertigwerden zu denken. Jaklitsch ist Bootsbaumeister in dritter Generation. Fünf Boote sind über den Winter zu bauen oder restaurieren. 180 bis 250 Stunden widmet Jaklitsch jedem von ihnen. Noch ist das Land tief verschneit. Doch der Frühling kommt und die Menschen, Einheimische wie Besucher, wird es abermals mit unwiderstehlicher Gewalt an das spiegelnde Wasser der Kärntner Seen ziehen. Und Jaklitschs schwimmende Kunstwerke, diese Klassiker zum schwerlosen Vergnügen, werden bereit sein.
Der Winter ist in der Defensive. Die Seen entledigen sich ihrer starren Oberfläche. Wasser stürzen zu Tal. „Laut tosend, längs der Berge Rand."

Das Land apert aus. Es hat seine Decke abgestreift, deren Weiß schon nicht mehr das frischeste gewesen ist. Und kommt hervor. Noch braun

und zerfurcht, von Moos und Flechten bewachsen, in allen Teilen überaus lebensfroh. Das Wasser führt durch den Jahreslauf wie ein silbernes Band aus dem eisigen Winter in den berühmten Kärntner Sommer.
Am Anfang vieler Wasserläufe, in den Bergen an der Grenze, bei den Bergbauern, ist man vorsichtig damit, dem Wechsel der Jahreszeiten allzu früh zu trauen. Die Spätzeit des Winters kann bei all dem verheißungsvollen Licht in der Landschaft noch immer Gefahren in sich tragen, Lawine, Eisstoß oder Flut bedeuten. Und so bleiben die Stuben noch weit ins Jahr hinein kleine Festungen inmitten einer strahlenden Natur.
„Ante pante popolore." Einer der schönsten Bräuche in Kärnten, das Kirchleintragen von Bad Eisenkappel, hat seinen Ursprung in solch einer Katastrophe des Spätwinters. 1180 wurde die Ortschaft von einem Hochwasser getroffen. Weil das Gotteshaus verschont blieb, schenkt bis heute jedes Kind des Dorfes dem Bach ein selbstgebasteltes Abbild der damals geretteten Kirche Maria Dorn. Der Singsang der Kinder während dieser Zeremonie ist ein fröhliches Gemisch von verballhornten Versen, von lateinischem Evangelium und slowenischem Lied: „Ante pante popolore. Kozelna vrata cvilelore" (Vor dem Angesicht aller Völker. Die Tür beim Kozel quietscht.).
Der Ursprung dieses merkwürdigen Verses liegt in einem echten Kärntner Jux. Lukas Smertinik, Angestellter beim Kozel in Eisenkappel, fand den ganzen Aufzug ein bisschen langweilig und wollte seinem Chef einen Streich spielen. Deshalb stiftete er die Kinder zu einem Spaß an. Wenn sie am Kozelhaus vorbeigingen, sollten sie nicht wie üblich mit „Gloria patri" auf den elendslangen lateinischen Sermon des Vorbeters antworten, sondern mit: „Kozelna vrata cvilelore". Daraus entstand dann der Unsinnsspruch, der noch heute mit Eifer aufgesagt wird.

In den zahlreichen Traditionen und Bräuchen der Kärntner Slowenen, in ihren Liedern und in ihrer Küche besteht hier bis heute eine unverwechselbare Kultur. Eine Kultur, geprägt vom nebeneinander und meist auch miteinander mit den rein Deutschsprachigen, mit denen man sich ja auch diese Berge seit vielen Jahrhunderten teilt. Die Liebe zur Landschaft, die Lust am Singen, sogar die Speisen, nur eine andere Sprache hat man.
Ein Grenzland. Nicht nur geographisch, politisch, sondern auch was die Fähigkeit seiner Bewohner angeht, die Kräfte der Natur zu nutzen – bis an ihre äußersten Grenzen, die Berge und Wasser setzen. Es ist eine schöne, aber raue Welt.

Schon jetzt im Vorfrühling, stehen Mensch und Natur unter dem Imperativ der Eile. Die Zeitspanne, in der sich das Land seinen Bewohnern als williger Partner zeigt, ist eng bemessen. Und so müssen die Bauern ebenso rasch aufs Feld, wie die Hoteliers ans Ufer ihrer Seen. Das Wasser selbst scheint in Eile. „Wo durch der Matten herrlich Grün des Draustroms rasche Fluten ziehn.“

Es ist der zweite Freitag nach Ostern. Punkt Mitternacht. Auf dem Magdalensberg, nördlich von Klagenfurt treffen sich einige hundert Menschen. Ein Kreuzzeichen. Ein erstes Gebet. Ein Lied. Der Vierbergelauf gehört zu den traditionsreichsten Kärntner Wallfahrten. Sein Ursprung geht wohl auf die Keltenzeit zurück. Die Menschen, die heute den mehr als 50 Kilometer langen Weg über die vier heiligen Berge Kärntens in Angriff nehmen, haben religiöse oder sportliche Motive. Ausgerüstet mit geschmückten Kruzifixen, Rucksäcken und Schistecken geht es vom Magdalensberg zunächst über den Ulrichsberg, dann über den Veitsberg bis auf den Lorenziberg. Vor 17 Uhr, so will es die Überlieferung, soll das Ziel erreicht sein. Sollen die Wallfahrer ins Reine gekommen sein – mit Gott, mit sich selbst, mit der Natur.

Die Lärche beginnt zu blühen. Sie bildet gemeinsam mit der Zirbe die oberste Waldgrenze in den Alpen. Die meisten Lärchen werden 200 bis 300 Jahre alt. Erst spät im Frühjahr treiben sie aus.

Das Land ist dabei sich zu schmücken. Zu Pfingsten spätestens ist es soweit. Die Bäume schlagen aus. Die hundertfarbigen Blumenwiesen stehen in voller Pracht. Der Mensch tauscht jetzt sein Dach gegen den Himmel ein. Nur der Wind, der von den Bergen kommt, lässt die Menschen oft auch jetzt noch frösteln. Die Gipfel bleiben weiß. „Vom Eisenhut, wo schneebedeckt sich Nordgau's Alpenkette streckt.“

Im April werden die 14 hintereinanderliegenden Tore, die hinaufführen zur Burg Hochosterwitz aufgesperrt. Eine einzigartige Anlage aus dem 16. Jahrhundert in faszinierendem Verhältnis zum Umland. Österreichs Märchenburg. Seit 450 Jahren nahezu unversehrt. Einst Schutz für Protestanten und Bollwerk gegen die Türken. Ein Schatz des Landes.

Die Einzigartigkeit dieser Burg liegt darin, dass sie nie erobert werden konnte. Eine populäre Sage berichtet von der Belagerung durch die Tiroler Gräfin Margarete Maultasch, die durch eine List getäuscht wurde. Die Burgbewohner warfen ihren letzten Stier, ausgestopft mit Roggen über die Mauern. Die Gräfin dachte in der Burg seien noch genügend Lebensmittel und zog weiter. Historisch betrachtet ist diese Geschichte sehr unwahrscheinlich, doch wen kümmert das? Es ist ein Kärntner Mythos.

Als moderner Besucher der Burg empfiehlt es sich unbedingt, den Fußweg durch die 14 Tore zu nehmen und nicht den Aufzug zu nutzen.
Auch wer seinen Sommer zu Berge verbringt, beginnt jetzt mit dem Aufstieg, der Frühling ist kurz und der Sommer muss vom ersten Moment an genützt werden. Auf den saftigen Almen und in den Berghütten, von den Hohen Tauern „bis zur Karawanken Felsenwand".
Auch an den Ufern der Seen bereitet man sich vor. Gäste stehen vor der Tür und deren Vergnügen bedeutet für die Hiesigen neue Arbeit.
Werner Jaklitschs Werke nähern sich der Vollendung, an den Aufträgen des vergangenen Winters hat er parallel gearbeitet, weil seine Kunden gern einmal vorbeischauen und sich über Fortschritte freuen. Jetzt ist die Zeit der ersten Probefahrten gekommen, des Polierens, des Zurichtens. Es hat eine Zeit gegeben, da war Jaklitsch der jüngste Meister seiner Zunft des Bootsbaus, jetzt suchen ihn von weither kommende Kunden auf, aus Wien und aus deutschen Städten. Seine Boote baut er am liebsten aus dem Holz der Lärchen, die ganz oben in den Bergen wachsen. Und das ist nur ein weiterer Beleg dafür, wie eng die Elemente dieses Landes zusammengehören, das Holz und das Wasser, der Berg und der Wind.

Am zweiten Sonntag im Mai ist es soweit: Europas größtes Binnenstrandbad am Ostufer des Wörther Sees öffnet wieder. Mit Liegestuhl, Instantkaffee und Sonnenöl bestückt flanieren die ersten Besucher wieder zwischen weißen Saisonkabinen, die in Reih und Glied auf der Wiese stehen, hinaus auf einen der drei Holzstege. Hier, wo im Hochsommer „die schönsten Mädchenkörper der Welt" geschlichtet sind. Und dann erst das Wasser. Das Wörther-See-Wasser. Bis zu 27 Grad Wassertemperatur werden im Sommer gemessen. Hier ist auch Gustav Mahler geschwommen. Und Ingeborg Bachmann. Oder zumindest ihre Protagonistin, die Starfotografin Elisabeth Matrei, Tochter des nörgelnden Kärntens in der Erzählung „Drei Wege zum See".
Warm ist es geworden. Die ehrwürdigen Alleen des Seenlandes legen Zeugnis von einer alten Kulturlandschaft ab. Alles lädt nun zum Ausflug.
Nach Friesach zum Beispiel. In die intakte mittelalterliche Stadt. Einst Hauptstadt des Landes mit Kärntens längster Kirche. Der Bettlerorden der Dominikaner errichtete dieses innovative Werk der Frühgotik und das erste deutsche Dominikanerkloster.
Oder man erforscht Klagenfurt. Seit 1518 Landeshauptstadt Kärntens. Es ist eine Kleinstadt mit nicht einmal 100.000 Einwohnern – gleich viel wie der dritte Wiener Gemeindebezirk. Jeder kennt jeden und je-

der weiß von jedem irgendeine peinliche Geschichte und trotzdem verschlingt jeder neugierig die Lokalzeitungen, um zu erfahren, wie viel davon schon aufgeflogen ist, beziehungsweise wie viel der Herr Redakteur darüber zu veröffentlichen wagt.
Die Anfänge von Klagenfurt reichen weit zurück, bis in die Steinzeit, als weite Teile der Region noch von Sümpfen bedeckt waren. Unter den eiszeitlichen Tieren, die damals bereits vom Aussterben bedroht waren, befand sich das Wollnashorn. Ein Pflanzenfresser, der in der Sage um die Entstehung der Stadt allerdings als schlangenähnliches Ungeheuer, als Drache, als Lindwurm eingegangen ist.
Bei einer Furt an der Glan gründeten die Spanheimer das „forum Chlagenuurt“. 1252 wurde Klagenfurt zur Stadt. Kaiser Maximilian schenkte sie den Landständen, dem kirchlichen und weltlichen Adel sowie den wohlhabenden Bürgern. Diese ließen den Plan für eine neue Metropole entwerfen. Ein italienischer Festungsbaumeister erfand: die Stadt im Schachbrettmuster. Es entstand ein Renaissancejuwel.
Aus dem Wappentier, dem Lindwurm, wurde ein monumentales Wahrzeichen. Eine der weltweit größten waagrechten Steinplastiken, eine tonnenschwere Symbolfigur, ein Ungeheuer aus Kreuzberglschiefer. Als Gegenüber wurde später eine kleinere Plastik geschaffen. Die Darstellung jenes Mannes, der das Ungetüm erschlagen haben soll: Herkules. Heute ist das Wahrzeichen der Landeshauptstadt ein beliebtes Fotomotiv und ein Brunnen zum Verweilen – für Tauben und Touristen.
Leben am Wasser bedeutet eben mehr als nur den Charme der Kärntner Riviera. Leben am Wasser gibt es auch abseits der berühmten Ufer und tief in den schattigen Tälern. Wer die ausgetretenen Pfade verlässt, findet zwischen Berg und See bisweilen Orte, an denen Gegenwart und Vergangenheit miteinander verschmelzen.
Im Gurktal zum Beispiel. Dieser spärlich besiedelten, abgelegenen Gegend mit ihren dichten Wäldern. Die imposanten, 60 Meter hohen Doppeltürme des Gurker Doms sind schon von weitem zu sehen. Eine Pfeilerbasilika aus dem 12. Jahrhundert, die als eine der bedeutendsten romanischen Kirchenbauten in Europa gilt. Die mit 100 Säulen gestaltete Krypta ist der älteste Teil der Domkirche, im Jahr ihrer Weihung 1174 wurde das Grab der Landesheiligen Hemma von Gurk hierher verlegt.

Ein paar Pilger vor dem Dom. Ein Schlag der Turmuhr. Ein warmer Windstoß. Als ob die Zeit stehen geblieben wäre. Ein Sommer wie damals. Damals als die Außenwelt auf das lange verborgene Idyll Kärnten

aufmerksam wurde und erste Reisende ihre Sommer an den Seen südlich der großen Berge verbrachten.
Die Bewohner der Bauerndörfer an den Seen hatten ein nüchternes Verhältnis zum Gewässer. Zwar berichtete der Abt des Stiftes Viktring bei Klagenfurt schon 1642 von Badehäusern für Jesuiten und Adelige am Wörther See, das Bad im See kam aber erst mit der Sommerfrische so recht in Mode.
Sommerfrische – dieser Begriff der vorletzten Jahrhundertwende ist ein Synonym für das südlichste Bundesland Österreichs.
Sommerfrische – das erinnert an die Spätzeit der Habsburger, als Adelige und Bürger die Wiener Stadtgrenzen überwanden und nach Süden aufbrachen.
Am Wörther See wurde bereits 1802 das erste Segelboot gesichtet, 1853 der erste Raddampfer „Maria Wörth" in Dienst gestellt, aber bis zum Jahre 1890 gab es nach der Überlieferung keine festen Anlegestellen. Der Wunsch der Passagiere, die erforderliche Wassertiefe und in erster Linie das Vorhandensein eines guten Wirtshauses waren Voraussetzung für eine Landung.
Im Jahre 1864 wurde die Bahnlinie Marburg-Klagenfurt-Villach in Betrieb genommen. Die Bahn verkürzte die Zeit für Reisen von Wien nach Kärnten beträchtlich. Vor allem um den Wörther See ließen sich Adelige, wohlhabende Bürger, Fabrikanten und Geschäftsleute nieder. Sie suchten den Kontakt mit der Natur, mehr aber noch die ungewöhnliche Stimmung, welche für sie Lage und Umgebung erzeugten. Noch vor der Jahrhundertwende waren in Pörtschach alle Ufergrundstücke vergeben.
Zu den eleganten Sommervillen, die sich um die Ufer des Wörther Sees reihten, gehörte Gustav Mahlers Sommersitz in der Bucht von Maiernigg, von dessen pergolagedeckter Terrasse man direkt auf den Wasserspiegel blicken kann. Auch Alban Berg war da. Und Johannes Brahms. Viele Anwesen waren bald von der wuchernden Ufervegetatiton eingewachsen. Allein die kleinen hängenden Gärten ihrer Boots- und Badehäuser blieben einsehbar.
Der Besuch einiger, von den Einheimischen bestaunter Fremder stand am Beginn einer Entwicklung, die das Wörther-See-Gebiet zu der Sommerferienregion Österreichs gemacht hat. Parallel zu den Villen wuchsen die ersten Hotels. Aus ganz Europa kamen die betuchten Menschen mit ihren Schrankkoffern angereist. Ein alter Wörther-See-Führer beschreibt die ersten Badevergnügen: „Die Badekostüme der Dame bestanden aus Bluse und Hose und waren am Hals geschlossen. An den

Handgelenken und Knöcheln mit gezogenen Rüschen versehen, so dass sie nicht einmal Arme und Beine freigaben."
Schon 1905 berichtete Veldens erster Kurarzt Gottfried Engstler d. Ä. „von günstigen Wirkungen der Seebäder auf alte Leute. Die Ärzte aus der Reichshauptstadt schicken von Jahr zu Jahr mehr Patienten nach Velden. Es ist eine Freude zu sehen, welche Wirkung eine Saison auf bejahrte Kurgäste ausübt – elastischer Gang, frischere Gesichtsfarbe, jugendliches Gehabe."
Sommerabende am Wörther See – mit den forschen Burschen und den feschen Mädeln. Orte, an denen sich Frauen aus Wien oder Berlin, aus Graz oder München nach Ehemännern umschauten und Ehemänner nach jungen Frauen.

Der dazumal aufgekommene, so genannte Fremdenverkehr, hält Kärnten bis heute auf eine vor allem sehnsuchtsbestimmte Art und Weise mit der Welt verbunden. Die Besucher einerseits folgen einem Traumbild in die Berge, und die Menschen der Berge schicken ihre Wünsche oftmals in die andere Richtung.
Der schnelle Profit, der immer wieder lockt, ließ in der Zeit des Massentourismus beim Bauen Maßstäbe und das Gefühl für Grenzen vergessen. Die Gemeinden wurden von einer Bauwelle überrollt.
Nach dem Zweiten Weltkrieg wurde jedes noch so kleine Zimmer vermietet. „Do hom sich die Leut über die Berge in den Süden gezwängt, um Urlaub bei Menschen zu mochen, die aus ihren eigenen Zimmern ausgezogen sind, um sie vermieten zu können", erinnert sich Hotelier Siggi Neuschitzer an die Hochzeit des Kärntner Fremdenverkehrs. „Meine Tante und meine Eltern hom neben da Woschkuchl gschlofen, weil des Elternschlofzimmer vermietet wor. A Kasten is ausgräumt, der zweite Kasten is zuagsperrt wordn, do san die Sachen drin gebliebn. I hob neben dem Hühnerstoll geschlofen, in einem umgebauten Zimmer. Des is donn soweit gongen, das i do mein erstes Geld verdient hob, in der Form, dass die Gäste kummen san und einfach keine Unterkunft bekommen hom, und i um fünf Schilling durchs gonze Dorf gfohrn bin und im letzten Bunker und am letzten Bauernhof irgendwo die Gäste untergebrocht hob. Schon wieder mit dem Hintergedonken, dass sie mi donn wieder herunterfohrn müssen und die Mutter gesogt hot: ‚donn werdn sie wohl essn a bei uns'."
Filme und Serien mit den Schlagerbarden Roy Black und Udo Jürgens, von Produzenten Karl Spiehs und Wörther-See-Glatzkopf Otto Retzer flimmerten dutzende Male über die Bildschirme in deutsprachigen Landen. Auch sie konnten dem Fremdenverkehr nicht nachhaltig schaden,

im Gegenteil. Tausende Menschen nahmen jedes Jahr die beschwerliche, Hunderte Kilometer lange Reise über die Berge in Angriff, um endlich Ruhe zu finden. An einem wunderschönen Ort, an dem sie spätestens am zweiten Tag überraschend ihren Nachbarn begegneten.
Die Kärntner mussten sich erst daran gewöhnen, dass die Einwohnerzahl im Juli und August deutlich steigt. Mit den Gästen kamen zwar Wohlstand und eine Form von Modernität, aber das Land wurde auch überrannt, manche sagen überfahren. Der aus Deutschland einströmende Tourismus war willkommen, aber selten elegant und immer fremd. Der Einheimische bestaunte den Gast wie einen Menschen aus einer anderen Welt: „Ka Spur von unsan Kantna Gmiert und keinen Funken Gspier. A unsra wird der nia."
Ingeborg Bachmann klagte: „Außerdem ist unsere Provinz hier wirklich völlig ruiniert, den See habe ich schon vom Programm gestrichen, weil jeder Quadratmeter von Rhein-Ruhr-Menschen okkupiert ist (...), und wer da auf wen hereingefallen ist, das stelle ich dahin."

Heute kommen weniger Gäste als damals, aber sie kommen noch. Meistens mit dem Auto – durch die Tauern und über die Pack. Über die Autobahnen kommt man praktisch nur durch Tunnelröhren nach Kärnten hinein oder aus Kärnten hinaus.
Nicht alle Wege führen nach Rom und wenn doch, dann liegt Kärnten dazwischen. 32.359 Fahrzeuge fahren täglich bei Wernberg über die Südautobahn – eines alle 2,6 Sekunden. Erhoben hat das ein Statistiker, dem offenbar gerade fad war.
Die kürzeste Strecke zwischen zwei Punkten ist die Gerade, auch in Kärnten. Von Wien nach Klagenfurt verlängern allerdings zahlreiche Kurven und Umfahrungen die kürzeste Strecke. Die Luftlinie wird von der Realität auf exakt 317,8 Kilometer erweitert. Von Salzburg sind es 217,3 Kilometer. Fahrzeit vielleicht zwei Stunden und ein paar Minuten oder ein bisserl mehr. Auf eine halbe Stunde auf oder ab kommt es nicht an. Gleichwohl ein Verkehrsminister Teile der Tauernautobahn kurzfristig zur 160 km/h-Hochgeschwindigkeitszone erklärt hatte. Der Gasfuß wird schwerer, je länger die Fahrt dauert.
Im Kalenderjahr 2005 wurden in Kärnten 12,7 Millionen Übernachtungen registriert. Das sind um 167.000 weniger als 2004. Auffallend ist quer durch alle Bilanzen, dass die Privatquartiere und die mittlere Hotelkategorie verliert, während die Fünf- und Vier-Sterne-Häuser zulegen können. Kärntens Fremdenverkehr ist im Umbruch. Neben alten Bettenburgen, die öd und meist auch leer dahinsiechen, sind am Wörther See in den letzten Jahren auch neue, luxuriöse Herbergen entstanden:

das Designhotel Aenea in Reifnitz, das Seehotel Werzer in Pörtschach oder das Schloss Seefels in Töschling zum Beispiel.
Das berühmte Schlosshotel in Velden wird umgebaut und renoviert. Nach Jahrzehnten soll es von der Hypo Alpe-Adria-Bank endlich aus dem Dornröschenschlaf geweckt und um sagenhafte 100 Millionen Euro in ein 6-Sterne-de-luxe-Hotel mit 112 Suiten, einem 3500 Quadratmeter großen Wellnessbereich und Appartments umgewandelt werden. Für die betuchte Klientel gibt's die Wörther-See-Residenzen neben dem Schloss um 8.000 bis 15.000 Euro – pro Quadratmeter, versteht sich.
Kärnten versucht den Spagat zwischen teurem Qualitätstourismus und Massenpartys zu schaffen. Rings um die traditionsreichen Gewässer tritt im Sommer fast alles auf, was den Nachmittags- und manchmal auch Abend-Sendungen des heimischen Fernsehens ihre Eigenart verleiht. Beliebtester Treffpunkt zur Nacht: Der Monte-Carlo-Platz in Pörtschach. Hier mischen sich GTI-Prolos und Beachvolleyball-Groupies unter die Nachtschwärmer. In der gediegenen Wohnzimmeratmosphäre von „Rainer's Bar" kann man dann den Jungen und den Schicken begegnen, den Braungebrannten und ihren flotten Sprüchen, den Wichtigen und jenen, die sich nur für wichtig halten.
Kein Schluss am Wörther See. Das große alte Nass, einst „Perle", bald „Juwel" geheißen, später manchmal auch „Loch Nepp" genannt, erlebt ein Revival. Wenn heute jemand sagt, „Kärnten ist mir viel zu teuer", ist die Anspielung auf Bundeskanzler Bruno Kreisky unüberhörbar. Kreisky hatte mit dieser Aussage erklärt, warum er Urlaub auf Mallorca und nicht in Österreich machte. Sicher, Spanien und die Türkei sind noch immer billiger, das Salzkammergut nicht. Fünf-Euro-Mittagsmenüs in der guten Pizzeria „Ciao Ciao" bei Pörtschach, Cordon bleu mit Beilage und Getränk um 7,40 Euro bei „Goritschnig" direkt am Veldener Seecorso, gegenüber im „Aqua" das Mittagsmenü um 7,50 Euro. Sauteuer war einmal. Freilich das große Degustationsmenü im Schloss Seefels muss einem 88 Euro wert sein. Dafür kann man als Antipasta Sonnenuntergänge genießen, den Lichtern am Ufer beim Funkeln zuschauen und Wörther-See-Schiffe in Festbeleuchtung vorbeiziehen sehen.
Heute steht Kärnten nicht mehr nur für Minimundus und Sommertheater in Spittal an der Drau. Vom Tag des Kärntnerliedes, von der Villacher Brauchtumswoche bis zum Klagenfurter Altstadtzauber, vom Golf GTI- bis zum Harley-Treffen – so viel Kärntner Aktionismus braucht auch Marathon-Ausdauer. Wie beim Ironman. In den „Wörter-See" der Tourismusbotschaften sind modische Ausdrücke wie Event, Starnacht und Fête blanche gefallen. Beachvolleyball oder Bodypainting werden zu optischen Selbstbedienungsläden.

Es ist nicht jedermanns Sache, freilich: Ideen sind gefragt, um in Zeiten der billigen Fernflüge an witterungsbeständigere Orte bestehen zu können. Vor Jahren hat man Kärnten den deutschen Gästen noch leicht verkaufen können: Steig mit der Familie ins Auto ein, kost' nix, bist da. Heute fliegen sie Transatlantik um 450 Euro. Nun muss Kärnten definieren, welche Zielgruppen es haben will.
Vor zwei Jahrzehnten hatte der Trebesinger Hotelbesitzer Siggi Neuschitzer eine „Schnapsidee". Feucht und fröhlich feierte man in Trebesing das neugeborene Kind eines Freundes. Der Befürchtung des jungen Vaters, jetzt nicht mehr auf Urlaub fahren zu können, donnerte Neuschitzer ein kühnes „ich moch' dir a Babyhotel" entgegen.
Aus der Idee wurde eines der erfolgreichsten touristischen Konzepte, die Kärnten gesehen hat. Die erste Presseaussendung des neu entstandenen „Babyhotels" in Trebesing – damals noch parallel zum Kurbetrieb geführt – rief ein enormes Medienecho hervor. Eine gewinnbringende Nische war gefunden, und das nicht allein für den alteingesessenen Hotelbetrieb der Familie Neuschitzer. Die ganze Region sollte sich in der Folge als Baby- und Familiendestination platzieren können. Acht Kinderhotels hat das Lieser- und Maltatal in der Zwischenzeit aufzuweisen. „In Kombination mit Ausflugszielen wie etwa der Märchenwandermeile, dem Eselgestüt oder dem Tierpark wird den Familien a guate Infrastruktur geboten", erklärt Neuschitzer, dem sein Babyhotel im Laufe der Zeit den Beinamen „Windelwirt" eintrug.
Die erfolgreiche touristische Vernetzung im „Familiental" folgt laut Neuschitzer einem klaren Prinzip: „Gier und Neid! Denn wenn ana sigt, dass es im Nochborbetrieb guat laft, is dos natürlich a Ansporn." Das betriebsinterne Erfolgsrezept des „Windelwirtes" ist es, Problemlösungen für seine Klientel zu bieten. Und ständig am Produkt zu feilen. Neuschitzer: „Denn wir verkaufen nit üba den Preis, sondern üba die Qualität." Etwa fünf Millionen Euro hat Siggi Neuschitzer in 20 Jahren in sein Babyhotel investiert. Die Umsatzzahlen stiegen von anfangs 348.000 Euro auf mittlerweile 2,4 Millionen Euro.
Für viele Kärntner Hoteliers ist Geld freilich nur eine Materie, die auf dem Weg zur Bank und zum Finanzamt flüchtig ihre Finger streift. „Dem Kärntner mongelt es an Unternehmergeist. An der Lust am Risiko. Er is viel zu schnell zufrieden. Die Probleme im Tourismus san wirklich hausgmocht. Weil bessere Vorraussetzungen für einen wirklichen Qualitätstourismus wird ma schwer irgendwo onders auf da Welt finden können", sagt Neuschitzer.
„Von zwa Monaten im Sommer konnst nur schwer leben. Wegen der Einsaisonalität in den meisten Kärntner Betrieben müssen die Unter-

nehmer in der Zeit, in der die Gäste do san, soviel orbeiten, dass sie ka Zeit hom nochzudenken, wie man Geld verdient. Geld verdienen konn i nur, wenn i Zeit hob zum Nochdenken. Und wenn i in diesem Gästestrudl so integriert bin, dass i ständig auf Achse bin, donn bin i einfoch nit frei."

Seinerzeit, da kamen die Gäste für drei Wochen, manche sogar länger. Mittlerweile steht die ganze Welt offen. Die durchschnittliche Urlaubsdauer hat sich auf eine Woche reduziert, teilweise sind es nur noch fünf Tage.

Früher war das Produkt die schöne Landschaft. Heute reicht das nicht mehr. Die Berge, die Seen, sie sind nur noch die Kulisse. Eine einzigartige Kulisse.

Jetzt sind die Tage lang wie nie. Warm sind sie, aber noch nicht schwül. Und dann auf einmal ist es da. Als hätte jemand einen zusätzlichen Scheinwerfer aufgedreht: das berühmte Licht des Kärntner Sommers. Ein Licht, das diese Gegend plötzlich noch näher ans Friulanische, ans Slowenische rückt, das den letzten Schnee auf den Berggipfeln wie ein letztes harmloses Memento aussehen lässt. Ein Licht, das noch den Bergen gehört, aber schon vom Meer zu wissen scheint.

Während sich unten, an den bis zu 28 Grad warmen Badeseen die Schickeria vergnügt und hofft, dass der Sommer nicht nur in eine Augustwoche fällt, leben oben in den Bergen uralte Traditionen und Bräuche weiter. Fast jede Woche ist irgendwo Kirchtag. Der Glaube geht nach draußen. Da ziehen Prozessionen durch das Land. Und da treffen sich dann alle. Menschen aus den verschiedenen Kärntner Parallelwelten. Dem Zirkus für einen Augenblick entrückt.

„Der Kärntner hot an Naturglauben in sich drinnen", sagt Brauchtumsexperte Wolfgang Lattacher. „Die Kirchn is nit so wichtig, aber an Herrgott muass geben, weil von nix kummt nix und schon goa net unsere wunderschöne Kärntner Landschaft."

Auch auf den höchsten Plateaus, in den abgelegensten Seitentälern, ist jetzt Sommer. Das großteils mäßige Klima ist dazu angetan, die Landwirtschaft zu fördern. Ein „Lampal" da, ein „Kalbl" dort, ein kleines „Hendl", ein herziges „Schwaindl". Die Obstbäume versprechen eine reiche Ernte. Äpfel und Birnen für Lavanttaler Most und Schnaps. Prüfend und hoffend gehen die Bauern durch ihre Gärten. „Wo von der Alpenluft umweht, Pomonens schönster Tempel steht."

In Heiligenblut machen sich die Bergsteiger auf den Weg. Sie wählen den klassischen Aufstieg auf den Glockner. Über die Franz-Josefs-Höhe, die Pasterze und das Hoffmannskees. Sie erreichen die Hütte, wo traditionell die Nacht vor der letzten Etappe verbracht wird. Die 3454 Meter hoch gelegene Erzherzog-Johann-Hütte, oder wie sie gern genannt wird: die Adlersruh.

Am nächsten Tag, zeitig in der Früh, werden sie aufbrechen. Zuerst ein Firnboden, dann das Glocknerleitl, der Anstieg auf den Kleinglockner, die Glocknerscharte, der letzte Anstieg zum Gipfel. Eine Nacht haben sie noch vor sich, im höchsten Schlafzimmer des Landes.

Vom Südosten her stiegen am 28. Juli des Jahres 1800 fünf Bergsteiger zum ersten Mal auf den Gipfel. Danach begann ein regelrechtes Wettrennen um neue, immer schwierigere Routen. Ein Wettrennen, das bis heute nicht beendet ist. An schönen Tagen herrscht auf den traditionellen Routen dichter Bergsteigerverkehr. Die Anziehungskraft des schwarzen Berges auf Alpinisten jedes Standards ist ungebrochen.

Sepp Lackner, Jahrgang 1923, erinnert sich an seine letzte Tour auf den Glockner: „Man geht noch in da Finsternis weg auf da Odlersruah. Die Helligkeit vom Schnee gibt soviel Licht, dass ma grod gehen konn. Man steigt übers Glocknerleitl aufe über die ersten Felsen hin übern Kleinglockner, donn wird schon longsom a bissale hell. A bissl gelblich."

Vor Sonnenaufgang erreichen die Bergsteiger den Kleinglockner. Mit der Erfahrung unzähliger Bergtouren durchsteigen sie die gefährlichste Stelle der Route: die obere Glocknerscharte. Auf beiden Seiten lauert viele hundert Meter tief der Abgrund. „Die nächsten 30, 40 Meter sigt man des Gipfelkreiz und wenn man durt steht und donn die ersten Sonnenstrohlen im Osten daherkummen und die Sonne aufgeht, des is so wunderbor, so faszinierend, dos is a Erlebnis, des auch nur wenige Leute erleben können. Muss ma sogn, des Glocknerkreuz is wohrscheinlich des schönste Gipfelkreuz, des überhaupt auf der Wöld steht."

Das Glocknerkreuz war 1880 zur silbernen Hochzeit des Kaiserpaares aufgestellt worden. Auch mehr als 200 Jahre nach der Erstbesteigung des Glockners sehnt sich jeder heimische Bergsteiger danach, dieses Kreuz aus nächster Nähe zu sehen. Lackner stand als Bergführer mehr als 300 Mal auf dem Gipfel des Glockners. Keiner kennt die Tragödien des Berges besser als er: „Am Berg sind einfoch die Gesetze onders. Wonn di a Lawine erwischt, do host ka Chance nit, dass do noch wos zu mochn is."

Diesen Tag verbringen die Bergsteiger auf dem Glocknergipfel. Am nächsten werden sie wieder in Heiligenblut sein.

Auch an den Seen beginnt ein neuer Tag. Er beginnt mit der Arbeit der Fischerin Elisabeth, die im Wörther See ihre Netze auswirft. Die vor Sonnenaufgang noch Ernte halten möchte unter den Zandern, Saiblingen, Hechten und Karpfen des Sees. Seit Kärnten in den 70er Jahren seine Seen mit den damals revolutionären Ringkläranlagen zu reinigen begann, erholten sich diese sensiblen Biotope allmählich wieder. Heute haben 200 Kärntner Seen und Teiche Trinkwasserqualität. „Der See", sagt Elisabeth, „is fast zu sauber für Fische." Und als die Sonne aufgeht, werden es wirklich nur drei sein, die die Fischerin nicht wieder in den See geworfen hat. Auch Elisabeth übt ihren Beruf in dritter Generation aus. Sie beliefert direkt die Gasthäuser und Hotels an der Riviera des Wörther Sees. Auch die Angler unter den Feriengästen, die den See bevölkern, wagen sich hinaus, aber da ist die Sonne schon da und Elisabeths Fische schon längst unterwegs in die Töpfe und Pfannen.
Denn so ein Sommertag am See macht hungrig vor lauter Frische und Aufregung. Der Mensch ist in Bewegung. Kurz ist der Sommer zwischen den Bergen und fast scheint es, als wollten seine Akteure alle Verlockungen auf einmal auskosten. Es wurrlt an der Riviera. Da sind die Schwimmer, die Segler, an den Ufern die Wanderer und im Kielwasser der Boote die schnellsten unter den Sommermenschen: die Wasserschiläufer. Es ist ein wunderliches Menschengemisch, das sich hier tummelt: Hiesige und Touristen. Aktive und Zuschauer. Sportive und Gesetztere.
Die Sommerfrische kennt alten Brauch ebenso wie neue Folklore. Bisweilen scheint beides ein wenig miteinander zu verschwimmen. Dann wird auf den Seeterrassen aufgeführt, was die Einheimischen glauben, dass die Touristen glauben, dass es typisch ist.
Auf den wilden Bächen und Flüssen des Landes toben sich unterdessen die harten Typen aus, holen sich ihre Dosis Adrenalin und Abenteuer. Während oben die gigantische Kölnbreinsperre einen Teil der Malta hinter ihrer 200 Meter hohen, 626 Meter breiten Staumauer abschöpft und in Strom verwandelt, ist das Bett des Flusses im Unterlauf noch ungemacht: Der Fluss stürzt über den Klammfall, wäscht die Felsen tief aus, unterspült 20-Meter-Fichten, bis ihre Wurzeln wie Spinnenbeine in der Luft hängen und die Stämme fallen. In Schlauchbooten geht's durch das wilde Wasser. Die „Canyoneer" sind das, was man in Kärnten respektvoll „wülde Hund" nennt. Und ist einmal ein Urlauber mit dabei, dann kann er von den Einheimischen sicherlich mit einem aufmunternden „geh, sauf unsern Fluss net aus" rechnen.
Aber nicht alle suchen nur das Abenteuer. Manche wollen sich schlicht erholen. Und ob sie sich dabei in den hölzernen Badewannen finden, wie

im berühmten Karlbad[15] der heißen Steine auf dem Weg zur Nockalm oder an ganz anderen Orten, macht keinen Unterschied. Ist einerlei. Einigen reicht es schon, aufs Wasser zu schauen. Auf diesen Spiegel des Wetters und des Lichts. Und an den Bächen und Flüssen entlangzuwandern, Natur pur zu genießen. „Wo durch die Ufer, reich umblüht, der Lavant Welle rauschend zieht."
So fließt ein Jahr dahin. Der Hochsommer ist hier nicht zufällig die Zeit der Hochzeiten. Man heiratet oben in den Bergen und unten am See. Man heiratet auf dem Steg oder unter einer 800-jährigen Linde. Feiern von Festen bedeutet wenigstens im Kärntner Sommer immer auch ein Feiern der Landschaft. Selbst das Einbringen der Mahd wird jetzt zum Fest. Flüsse und Bäche schlängeln sich durch üppige Wiesen und Felder. „Im grünen Kleid ein Silberband."

Aber auf einmal ist da ein Windstoß. Ist dies nur ein Sommergewitter oder doch vielleicht schon der Prolog des Herbstes? „Ergreife die Viertelstunde", könnte man in Abwandlung eines lateinischen Sprichwortes sagen. Diese hellen Momente unter freiem Himmel können kurz sein. Die Wolken sind in den schmalen Tälern in Windesgeschwindigkeit zu einem Unwetter komprimiert. Dann heißt es Schutz suchen. Berggewitter bedeuten unmittelbare Gefahr. Das ist einer der Momente, die das selbstvergessene Treiben an den hedonistischen Seestränden für einen Augenblick aus dem Tritt bringen. Es sind diese spätsommerlichen Unwetter, die recht barsch mit dem geliebten leichten Leben unter dem freien Kärntner Himmel Schluss machen. Manche Berge tragen plötzlich wieder weiß. Und die Seen werden einsamer. „Is da Summa schon uma?" „Is schon still uman See?"
Den Menschen, die bleiben wird offenbar, wie gezählt die Tage des Sommers sind. Noch einmal in den Sonnenuntergang schwimmen, ehe das Klagenfurter Strandbad am letzten Septembertag wieder schließt. Das Schilf ist gelb geworden. Die Laubbäume verfärben sich. Und die Nebel sind wieder da.
Erst spät am Tag zerfasert die Sonne die Hochnebeltuchend, die sich über das Land der Seen gelegt hat – über Täler und Becken. Der Altweibersommer ist kurz. Am Horizont leuchten die von Neuschnee überzogenen Berge. Vielleicht geht sich noch eine letzte Radtour aus. Am besten dem Drau-Fluss entlang. Vorbei an Städten und Dörfern, entlang

[15] Das Karlbad ist ein urtümliches Bauernheilbad (Schwitzbäder in ausgehöhlten Baumstämmen, gegen rheumatische Erkrankungen) in der Gemeinde Krems in Kärnten. Ausgesuchte Gesteinsbrocken werden auf einem Holzfeuer erhitzt und anschließend in einem der Badetröge versenkt. Eine halbe bis eine ganze Stunde dauert die Badezeit, nur der Kopf ragt aus der mit Brettern abgedeckten Wanne.

von Stauseen und der wenigen noch bestehenden Auwälder. Vom Ursprung der Drau im Toblacher Feld in Südtirol radelt man auf etwa 366 Kilometer bis nach Marburg in Slowenien. Auf dem Radweg, der in Kärnten von Amts wegen neuerdings „Abstimmungsradweg" und international schlicht R1 genannt wird. Quer durch Kärnten. Eingeteilt in fünf Etappen sind die ersten Kilometer auch für Familien und Kinder gut geeignet, vor allem der slowenische Teil des Weges fordert dem Radler hingegen schon einiges an radtechnischem Können ab. Unterwegs finden sich kulturelle Ablenkungsmanöver, römische Ausgrabungsstätten, mittelalterliche Burgen, gotische Kirchen. Außerdem laden Gasthöfe zur Labung und zum Übernachten ein.

Ausgestorben liegen unterdessen die Fremdenverkehrsorte mit ihren Bettenburgen an den nun kalten Seen. Was noch im Sommer glänzte, schaut plötzlich nicht mehr so ganz frisch aus. Verschlissen, verbraucht.

Der Herbst in den Bergen ist ähnlich kurz und intensiv wie der Frühling. Und wie im Frühling ist auch jetzt wieder Eile das Gebot der Stunde. Denn der Winter kommt. Über Nacht. Nirgends ändert sich die Witterung mit solch dramatischer Geschwindigkeit wie im Gebirge. Innerhalb kürzester Zeit fällt Schlechtwetter ein und verursacht einen Temperatursturz. Die Lärchen sind die Letzten, die leuchtendes Orange anlegen.

Das Eis kehrt zurück und der Schnee. Die dicken Wolken kommen meist aus dem Südwesten. Ein Adriatief bedeutet jetzt Neuschnee, und wenn er noch vor Weihnachten fällt, dann bleibt er meist den ganzen Winter liegen.

Der Bewegungsspielraum des Wassers und jener der Menschen wird wieder ganz klein. Die Nebel steigen. Legen sich über die Täler und Becken und ziehen die Berghänge hinauf.

SCHWER UND MUT

Die Wanderung durch die Kärntner Parallelwelten ist eine durch tiefe Empfindungen, durch menschliche Abgründe, durch kreative Höchstleistungen und landschaftliche Schönheiten. Es sind 9536 rätselhafte Quadratkilometer mit 559.078 seltsamen Vokaldehnern.
Auf Initiative der „Kleinen Zeitung" wählten im Jahr 2003 Internetsurfer, Briefschreiber und Fachleute mit dem Schirennfahrer Fritz Strobl (Jahrgang 1972), dem Landesverweser Arthur Lemisch (1865–1953) und der Landesheiligen Hemma von Gurk (980–1045) jeweils ihren Favoriten zum größten Kärntner aller Zeiten. Eine erfolgreiche Aktion befand Landesarchiv-Direktor Wilhelm Wadl: „Es ist wohl auch gut für das Selbstbewusstein: Dass wir doch als kleines und relativ armes Land genug repräsentative und überregional bedeutsame Persönlichkeiten hervorgebracht haben."

Die Kärntner litten lange an einem Minderwertigkeitskomplex. Manche tun es immer noch. Sie glauben, dass andere auf sie herabblicken, weil sie sie für fad, misstrauisch und verbohrt halten. Dass sie selbst unter höchster Anstrengung niemals akzentfrei Hochdeutsch reden werden. Dass sie angeblich bei weitem nicht so brillant sind wie ihre Nachbarn, die Grazer. Dass sie, anders als die Salzburger, in einem Land mit geringem internationalen Ansehen leben. Und viel weniger Macht und Einfluss haben als die Wiener.
Mit all dem müssen sich Kärntner offenbar herumschlagen.
Dass sie dafür jeden Tag den berühmtesten Landeshauptmann der Welt und die wahrscheinlich schönste Landschaft Österreichs erleben dürfen, gibt Trost.
Starkes Heimatbewusstsein kompensiert oft schwaches Selbstbewusstsein. So wird mehr gefeiert und mehr gesungen. Die Kärntner sind stolz auf ihr Land und darauf, Kärntner zu sein. Aufgrund der geopolitischen Lage ihres Landes haben sie eine typische „Mir san mir"-Mentalität entwickelt.
Dabei sind die Kärntner harmoniesüchtig, begeben sich gerne in Gesellschaft, sind zuvorkommende Gastgeber und können sehr liebevoll sein, wenn sie sich geborgen fühlen.
Sie sind aber nicht nur liebenswert, sondern auch ärgerlich und widersprüchlich, sogar zerrissen. Ihre Gemütslage neigt zu Extremen. Hopp oder tropp. Die Heiterkeit kann schnell in Schwermut kippen.

Das vergangene Jahrhundert hat tiefe Spuren in den Seelen der Kärntner hinterlassen. Spuren, die sich nicht wegdiskutieren lassen und die weder durch Kopfschütteln noch durch erhobene Zeigefinger verschwinden.

Als guter Kärntner hält man sein Heimatland auf Distanz, heißt es. So hat es zumindest die weltläufige Ingeborg Bachmann vorgemacht und unzählige Künstler, alle Früchte auf Kärntner Humus, sind nach ihr von zu Hause ausgerissen, um ihr Glück in Paris, Retz oder Zürich zu machen. Zu Hause geblieben sind der Großglockner, die aufgestaute Drau und der Wörther See, sind Klagenfurt und St. Margarethen und die Saualpe, die Landschaften und Orte, die Bachmann und andere manchmal wehmütig besungen oder, sobald sie sie bewohnt fanden von Kärntnern, aufs Herzerfrischendste karikiert haben.
Und doch: Kärnten holt die Ausgerissenen immer wieder ein. Denn ein Stück Kärnten haftet an jedem von ihnen. Und sei es als offene Wunde.

Die Kärntner sind auf jeden Fall typisch. Und werden es wohl auch bleiben. Das macht ja gerade das typisch Kärntnerische aus. Was man als etwas Gutes oder als gefährliche Drohung empfinden kann, je nach Standpunkt.

Wer all das bedenkt, wird Kärnten vielleicht noch nicht mögen, aber unter Umständen, doch etwas besser verstehen.

Coverentwurf: Peter Eberl, Gleisdorf, www.hai.cc
Gesamtherstellung: Leykam Buchverlag
ISBN 3-7011-7566-7 (978-3-7011-7566-6)
www.leykamverlag.at